COME TOGETHER

COME TOGETHER

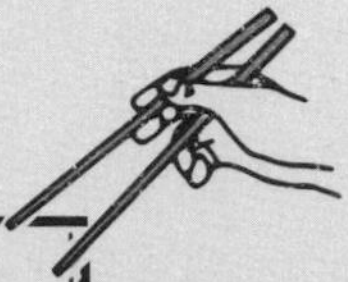

品嘗・烹煮・盛裝

料理王國

北大路魯山人

Kitaōji Rosanjin

※　本書 2014 年曾以《料理王國》之書名上市

目次

肆 食在世界

伍—香辛料與調味料 195—207

陸—各式滋味 209—227

柒 — 料理筆記 229—259

推薦序一

料理，是整頓事物的道理

郭忠豪／臺北醫學大學通識教育中心助理教授、
飲食史學者、《品饌東亞》作者

對台灣讀者而言，我們對於「日本料理」絕不陌生。的確，無論坊間飲食風尚如何改變，從精緻高檔的「懷石料理」與「握壽司」，到尋常可見的「拉麵」與「洋食」，「日本料理」在飲食市場佔有重要份量。然而，我們雖然熟悉日式料理，但對於日本的「飲食哲學」(culinary philosophy) 不一定真正瞭解，這本由全才藝術家北大路魯山人撰寫的《品嘗．烹煮．盛裝》，正是帶領我們認識日本飲食哲學的最佳讀本。

本書作者提出自己的「料理之心」與品饌經驗，令我印象相當深刻。首先，他指出「料理」的原意是「照料處理」，也就是「整頓事物的道理」，絕非僅指烹調。其哲學意涵與老子「治大國如烹小鮮」的比喻，有異曲同工之妙。恰如作者所言：「料理顯現出的是自己」，菜餚可反映一個人的處事態度。

其次，作者認爲日本料理「食材占了九分功，烹飪技術只占了一分」。確實，相較於中式飲食繁複的烹飪方式，包括炒、溜、煸、煨、燴、滷、醬、煎、炸、燜、烤等，日本料理講究的是食物的原味，採自然極簡的方式處理食材，反映出中日飲食文化背後的哲學意涵。

再者，今日社會強調「淨零減碳」的飲食方式，北大路在六十年前就已提出愛惜食材的觀念，例如蘿蔔的皮、山葵的莖，都不應被視爲廢棄之物。他強調料理是爲了活用食材的原味，善用所有能利用的部分，才配稱爲料理，也才配稱爲廚師。

作者也提出一個有趣的觀點，他徵引江戶時期僧侶良寬之言，「不喜之事有三，即詩人的詩、書法家的字、廚師的料理」。好的料理應該自然不做作，避免矯飾。這讓我想到今日許多餐廳過於強調食物的「展演」性質，空有華麗的外表，反而喪失了食材的原味。此外，對北大路來說，日本料理的美也呈現於「食器」的選用上，他強調「食器是料理的衣裝」，這是再正確不過的觀點了。想想看，如果盡心盡力製作出的料理缺乏適當的食器搭配，那不就相當可惜了嗎？

閱讀完《品嘗・烹煮・盛裝》，我發現這是一本語意流暢、內容豐富且富含日本飲食哲學的好書，我誠摯地推薦給喜愛飲食文化的讀者。

推薦序二

北大路魯山人波瀾萬丈的人生

鞭神老師／「食之兵法」版主、《尋食記》作者、中國文化大學語言中心兼任助理教授

活過明治、大正、昭和三個時期，一八八三年出生於京都府，本名北大路房次郎的北大路魯山人是書法家，在一九二二年出版了《常用漢字三體習字帖》；是陶藝家，一九三三年出版了《魯山人作瓷印譜磁印鈕影》；是雕刻家，也是漆藝家。不過，最早以畫家爲志向的他，後來則是以料理家與美食家之名傳世。

這本《品嘗．烹煮．盛裝》於一九六〇年出版時，北大路魯山人已逝世一年了。一九一〇年，日本併吞韓國後，魯山人與其母到當時的首爾旅遊的三個月後，開始了他在朝鮮總督府京龍印刷局三年的書記生涯。一九一一年，魯山人前往上海，與當時定居於上海的篆刻家吳昌碩會晤——其藝術成就影響日本書壇，連日本首相犬養毅的用印都指定由他篆刻。不過，魯山人眞正接進入美食

的領域，則是在他一九一二年回到日本的三年之後。

一九一二年回到日本的他，先是開了書道教室。半年後，滋賀縣長濱市的財主河路豐吉招募食客，魯山人遂前往，並在當地留下不少名作。在此期間，魯山人與當時的竹內棲鳳、土田麦僊、細野燕台等名畫家與書家日益熟稔，自己也聲名鵲起。其中在一九一五年，魯山人居留於有「金澤最後的文人」細野燕台之處期間，更是開啟了他對美食與陶藝的關注。

一九一六年，他正式接任戶長，並將房次郎之名改爲魯卿，號魯山人。在此期間，活躍於金澤和京都財主間的他，對於美食美器更是浸染益深。其中，他與京都擁有大量土地，「京都四天王」之一的內貴清兵衛的交流，更是開啟了他對料理的鑽研之道。

而他結合料理與食器的品味，則是與京都的美術印刷與出版會社老字號便利堂的中村竹四郎結識後開始。兩人後來一同經營的大雅堂美術店，有著許多使用古美術品來承裝高級食材的陶器的常客。「食器是料理的衣裝」，是他最爲人耳熟能詳的名言。他分別於一九二一年和一九二五年創立的會員制食堂「美食俱樂部」與擔任顧問和料理長的會員制高級料亭「星岡茶寮」，其名氣之大，可謂空前絕後。每天都有政商名流每日來品嘗魯山人的菜餚，密談各種大事。

話雖如此，但他是出了名的脾氣暴躁、傲慢囂張和毒舌。譬如他自稱「老子才是日本第一美食大家」，而「大部分人跟家畜一樣，只用食物塡飽肚子」，後來，他被合伙人趕出星岡茶寮，而沒有了魯山人的茶寮也迅速倒閉。

對於料理，魯山人認爲首先要清楚表現自己的喜好。然而，就算是那些常常吃山珍海味的人，也不見得就懂得味道。味蕾的養成，魯山人認爲，就如同培養對藝術的鑑賞力，必須要不斷地研究，並且提升自我。懂了味道之後，就像是詩人能歌詠石頭的心情一般，看透料理的本質。

此外，他認爲廚師若是沒有正統的修養，就算技術如同工匠般純熟，也無法做出正統的東西。而認爲只要是廚師做的，全都是好料理，是一種欠缺思考的輕率想法。一味地依賴職業廚師將不見料理的長進。

這次，讀者們可以再次透過這本書，瞭解魯山人波瀾萬丈的一生。

料理王國

代替序言而撰

簡單地說，所謂料理，並非只用舌尖來品嘗，也不是拿來玩弄的事物。

料理，是讓人以耳、以眼、以鼻等，運用各種感官來享受「美」及「味」的調和。

配色、擺盤、搭配、食材優劣與否，每樣都與「美」有密切關係，並以此爲考量。

若以營養功效來看，「美」更擔任了無法或缺的角色。只是一味地在意「味」，對於其背後「美」的影響漠不關心。雖然說來失禮，但這不正是現在許多廚師或料理研究室的寫照嗎？

此外，近來出版的料理書，大多對於這件事完全不在意，只寫些不足以吃食的內容，更令人感到噓唏。

打從心底享受料理的人，首先會著重在料理的風趣上，對於用餐環境也會樂在其中並相對重視。所謂「以食爲樂」的「樂」，必須能達到這種境地，才稱得上夠格。老饕也是如此。

我的說法也許有些極端，但對於料理，不求其「美」的人，說是與只滿足於被飼養的貓狗同類，也不爲過吧。

當然，樂趣有高有低，人各有異，自然會有見解上的不同。但若狀況允許，必會想提升自己的心志，品嘗料理，將人的境界提高。

此次正逢出版社邀稿，希望我能透過七十年的料理生活經驗，寫作個人的料理哲學，以及藉由料理來窺視人生觀等，因此，我從日常所談、所寫的內容當中，挑出符合這份主旨的部分重新審閱，並添加近來的感想，以及兩、三個具體例子，集結成了這本書。

由於只是將隨筆東拾西撿、重新孕育而成，前後脈絡多有欠缺，也不免有重複之處，內容無法稱得上統一。

也許對讀者來說閱讀甚是不易，但若能將每一章分開獨立閱讀，我想必能洞察所謂的「料理」爲何物吧。

昭和三十五年 陽春 撰於北鎌倉山莊 北大路魯山人

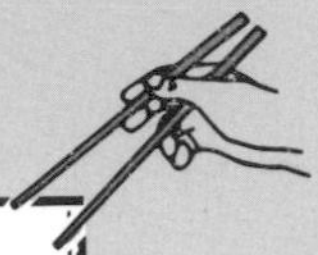

壹——料理之心

壹——
料理する心

料理之道

道は次第に狭し

前陣子，某位雜誌記者來訪，問我：「要如何才能把東西吃得美味呢？」在這世上，還眞有人如此簡單地提出愚問啊。想來會這樣發問的人，必然不是打從心底想瞭解料理，而只是任務性地詢問，並非本著眞心想問。因此我當下立即回答：「餓肚子是最好的方法了。」這位男性暫時沒再作聲了。

還有一個類似的例子。某次，我想尋找一流的廚師，因此做了個適性測驗，詢問對方喜歡些什麼。結果，對方只是曖昧地回答我說：「我喜歡魚。」

專業的一流廚師這麼回答，還眞令人爲難。其實大部分的廚師都是如此。這位男性是關西地方出身的，因此他所謂的魚，應該是指鯛魚吧。的確，關西的魚很好吃。不過，這樣的表達方式眞是缺少教養。這就像是問小孩子：「小弟弟，你要去哪裡？」對方回答：「那裡。」

當然，我將對方判爲不及格。這樣的人，不僅連自己的喜好都無法誠實表現，實際上，對美食根本完全不精通。無法清楚表現自己的喜好，實在令人可嘆。也就是說，他對於味覺很沒有神經，或者根本就是味覺遲鈍。吃不出滋味，當然就會對味道不感興趣，就算給他山珍海味，他也無法仔細分辨出好吃或難吃吧。像這類的人，讓他餓肚子，他就會覺得東西好吃。我只能這樣回答了。

順道一提，這話雖然有些多餘，不過其實吃不出滋味，並不是什麼名譽或不名譽的事。就像有人天生鼻樑高、有人鼻樑低，沒什麼可恥的。只是這樣的人，並不適合嘗試做好吃的料理或是學習烹飪。就像弄丟了拐杖的老人一樣，只是比其他人少了許多樂趣的可憐人而已。

但，正如孟子所言：「人莫不飲食也，鮮能知味也。」*1 沒有人生而不食，不過能真正理解滋味、用心享受者卻少。因此我悟出此上乘之計，只要讓味覺遲鈍者餓了即可，絕對不會錯。

不過如此一來就沒什麼可談的了。而且雖說這些人吃不出滋味，實際上也並非完全辨識不出味道。我雖說姑且讓對方先餓著吧，其實這麼一來就能明白箇中道理了。即使對方吃不出滋味，也有喜惡之分、有其嗜好，並非完全無可取。

前些日子，廣播節目提到給病人吃的料理。所謂病人料理，也就是指藥用食品，本來並非指一般料理。不過廣播節目卻老王賣瓜、加油添醋地說病人料理非常好吃，要一般人也嘗嘗看。

我抱持疑問。

對方所謂的料理，像是把山藥煮過後，另外再把毛豆煮熟，將其搗爛塗在

1 北大路魯山人原文中稱此句為孟子之言，正確應出自《中庸》第四章。

上面，加上些許調味之類的。也就是爲了讓外表好看，所以在山藥做成的丸子外層用毛豆點綴，如果綠色還不夠，就再加上一些菜。就算有這種莫名其妙的體貼，怎麼想都不會覺得這是正統的料理。節目中卻還說一般人吃了也會覺得美味。

節目的講者是某大學醫學系之類的老師，想來會說好吃的，只有那所學校的醫生或營養師了吧。這眞是既沒品格、又不成熟的發言。

將這些內容寫成稿子、還在節目中播放，由此可知這幫人也不瞭解什麼才是眞正的滋味。竟然在廣播中對全世界宣揚這些傢伙所謂的美味，眞是太過分了。先暫且不論這件事吧。雖然說是給病人吃的料理，但病人也有自己的喜好。在這樣的要求之下，要如何不傷害病人、又讓病人吃得美味，這才是料理的目的。但是不好的廚師卻不瞭解這點，無論什麼食材都由自己決定，病人吃了當然不會開心。這個道理，無論面對病人或一般人都一樣。

大抵只要有誠實、親切的心，便會考量各人的嗜好，並且做出合理的處置。若無法滿懷欣喜地吃下食物，食物便不會成爲良藥或養分。無論對象是幼兒或成年人或老年人、是貧是富，首先都應該瞭解對方過去的生活。

回到之前的話題。就算再怎麼不瞭解滋味的人，也不可能完完全全吃不出味道，因此尊重對方的喜好，便是讓人吃得美味的第一課。

不過在這世上，也有自稱是很懂味道、實際上卻什麼也不懂的人，若只憑前述的誠實或親切之心便想瞭解這些人非常困難。他們是屬於一知半解的類別，若不用些聰明的話語，他們是不會對美味的食物稱道好吃的。

面對這些人時，最好用些小把戲，也就是用一些手段，讓他們心服口服。假設眼前有某個種類的白蘿蔔，此時，不要說這是來歷不名的白蘿蔔，而是推介給對方說：「這是來自尾張*2 的白蘿蔔。」這麼一來，由於他們有先入為主的觀念，認為尾張的白蘿蔔很好吃，因此會自圓其說地吃得津津有味。這類人大多都是敝帚自珍型的，只對自己知道的東西覺得好吃。他們常掛在嘴邊的，是哪間店的天婦羅很好吃、哪裡的鰻魚、壽司很美味等，而且先入為主地認為如果剛好對上了他們知道的，就是好吃，如果不是他們所知道的，就不好吃。他們是群學識淵博的無知者，當中有學者，也有烹飪家，但他們不能稱作真正的美食評論家。因此，他們原本就並非憑自己的舌頭判斷美味與否，也不是經驗老道的人。這麼做雖然惡劣，但除了用陷阱讓他們上鉤之外，別無他法。這也是一種烹飪方法。

雖然說料理只要誠實及親切即可，但就算再怎麼認真對待料理，碰上這種半吊子，還是完全束手無策。但只要看穿他們的心眼，就沒什麼大不了的了，怎麼做都能讓他們開心。

2 日本古地名，約為現今愛知縣西部。

接著談談懂味道的人。對於懂味道的人，要怎麼做才能讓他們吃得美味呢？最基本的，若沒有與對方相等的實力，應該做不到吧。

大抵說來，品嘗食物並且瞭解味道，和鑑賞繪畫並讚嘆其中之美，根本上是相同的。

事實上，對自己的舌頭若沒有超越對方的自信，就無法讓對方吃得美味。繪畫也是相同道理。尺度完全在於自己。若自己有五分功力，就只能表現出五分的味道而已。

若自己的實力高於對方，就會清楚看出對方的實力，自然能輕鬆應對。以繪畫來比喻，若自己的鑑賞力高，面對任何名畫，都能找出屬於自己的價值。如果繪畫的等級比自己的鑑賞力高出數倍，便無法體會全部的美。反過來說，如果自己的鑑賞力比較高，對方的繪畫就會顯得不足而缺點盡出。

無論是鑑賞力或味覺，懂的人就是懂，不懂的人，怎麼做也不會懂。但正如同前面所述，沒有所謂完全不懂味道的人，無論是誰都懂味道，只不過是程度上有所差別。只要經過訓練，就能將味覺提升到一定的程度。

一般來說，常吃好吃的東西，並不等同就是瞭解味道。像是籌畫宴席的媽媽桑，或是三井、岩崎這些大財閥的人們，即使平常有許多享用美食的機會，也有人一輩子都不懂味道，這便是很好的例子。這是因爲這些人沒有學會品味。

要學會品味，並不是藉由客人的招待或廚師的給予就能達到，而是要自己掏錢出來吃。只有認眞地重複這樣的行爲，才算開始懂得品味，自然也就會瞭解味道，有了眞正的認識。

味道很神奇，會隨著當下的心情或個人主觀的影響而改變。味道對當事人來說，原本應該是絕對的，若會被其他條件影響，就不算是好的美食家。不過這並不容易，要能直接判斷出味道，需要多年的經驗。雖然說來實在俗氣，但一般來說，味道都會被經濟概念牽著走，無法否認會受價格影響。

說到底，味蕾養成這件事，就像培養美術鑑賞力一樣，必須窮究事物的深處，努力提升自我。

最後，若被貌似美食家的人提出不合情理的要求，便請對方自己做出自己的料理試試看。如此，對方應該就會有所領悟了吧。

富士山有山頂，但在味及美的道路上，沒有所謂的巓峰。假設眞的有，又是否會有窮究這條道路的人存在呢？想必是沒有吧。

只是，對於這世上的美食家來說，追求極致味蕾的道路在通過廣闊的原野之後，就變得極爲狹隘，以某種意義來說會變得很不自由。不過也因此能進而瞭解許多難以言喻之妙，發現非專精者無法品嘗到的新味覺感受。

然而，這世上能夠與之言談的對象很少，所以這些人最後會走上只有自己與食材的世界。這就是所謂「三昧」之境地吧。

總之，如果沒有走到這個境界，將無法指導他人。就如同我不斷提到的，所謂「擺布」，自己必須位居上位，若只是與對方同等程度，就無法擺布對方。在味道的世界裡，若想滿足所有人，就必須瞭解每個人所處的境地才行。這條路無止盡，只得不斷前進，需要不間斷的努力及精力。就算不刻意努力，也需要不間斷地關注，才能一路向前。

我曾有這樣的經驗。

在夏季料理當中，有一道七星鱸或鰈魚之類的冷鮮魚片*3。我曾有好一段時間這麼想過：一般餐廳所端上來的冷鮮魚片，魚肉都和紙一樣薄。切得那樣薄，又若無其事地用水沖，根本就是要了生魚片的命，一點兒也不好吃。這麼做可能是因爲若不切薄，魚肉會無法冷縮。不過這樣把魚的精華都沖走了，實在不美味。因此我不把魚片切得非常薄，但也不至於切得像一般生魚片那樣厚，仔細沖洗後，果真，雖然不如汆燙過後泡冷水的鯨魚片那般清脆，也很有嚼勁了。這麼一來，魚肉的精華不至於被沖走，愈嚼還愈有魚香味，口感又好，非常好吃。因爲覺得切薄實在難吃這種乖僻的抱怨，才讓我有了新的想法。我被世間的做法牽著走了那麼久，才做出屬於我的料理。不過最近，我又有了其他想法。

3 將生魚切成薄片後，用冷水沖洗使其冷縮。

我最近試著把魚片切薄，結果發現也沒什麼不好。切得薄，的確會缺少滿足感。說沒味道，還眞是索然無味。不過以炎暑中的生魚片而言，對小口小口喝著酒的人來說，稍微配著吃，正是很棒的爽口涼菜。雖然又薄又無味，但反而合適。不用在意究竟有沒有味道，當作爽口小菜來嘗，有何不妥？我最近有了這樣的念頭。

也就是說，我經過了許多年頭，總算有了這樣的想法。在我經歷了數十年後，才總算瞭解。這眞是難啊。我發現，這並不是稍微在餐廳裡吃過，就能夠輕易下判斷的。

像這種情況，可以說因爲思考上有種缺乏器量的乖僻。不能切得太薄、會沒味道之類的，聽起來讓人覺得斤斤計較。若沒有辦法完全脫離這種思考，便無法瞭解味道的奇妙之處了。而且這又表現出，若不瞭解除了味道以外食材還能發揮什麼作用，就沒有資格貶低他人。在味道的世界中，就如同人們有不同年齡的差異一般，無法以一貫之。

料理的第一步

料理の第一步

有個男人，在妻子離去之後，開始了一個人的生活。這個男人如此想著：

「首先我要找一片土地。要肥沃的土地，然後在那裡種菜。這樣就每天都可以吃到新鮮蔬菜了！」

但是男人並沒有去尋找土地，只在家中渾沌度日。他覺得肚子餓了，便啃起麵包。隔天，他又這麼想：

「蔬菜也不錯，但我應該來養牛，然後還要養豬。這樣就可以吃到好吃的肉了！」

不過男人什麼也沒做，仍然在家渾沌度日。肚子餓了，便繼續啃麵包。這個男人的頭，不知怎地，有點膨脹了起來。

隔天，他又這麼想：

「就算我沒了老婆，還是能夠這樣吃東西活下去。等等，這麼說來，我也可以自己做飯囉？我要來蓋一個方便的廚房，不用東轉西繞，只要伸手就能解決一切事情，一個整潔又明亮的廚房！」

不過實際上，男人什麼事也沒有做。他肚子餓了起來，想要吃麵包，麵包卻吃光了，因此把米桶中的米拿來生啃，一面想著：

「等等，廚房雖然也不錯，不過在那之前，首先我應該要做一套輕便的衣服，才好活動。」

即便如此，他還是什麼都沒做，開始啃起妻子留在房間角落櫃子裡的蘋果。男人的頭，似乎又膨脹了起來。

「對了對了，我來種果樹園吧！如果能從樹上摘下新鮮的水果，馬上就能吃，那就太棒了！」

不過，男人什麼都沒做。接著，他又啃起了米桶中的米。

在男人不斷思考的同時，他的頭漸漸變得愈來愈大。由於他完全沒有活動，因此手和腳變得愈來愈小。家裡已經沒有米、水果或任何能吃的東西了。即便如此，男人還是不放棄思考，不斷繼續想著。男人的頭變得愈來愈大，手腳及身體變得愈來愈小。

等到能吃的東西全沒了，他開始吃自己變小的腳。不過他還是不放棄思考，所以頭又變得更大了。由於沒有能吃的東西，所以他開始吃自己的身體、吃自己的手。

最後，男人沒有能吃的東西，只剩下思考的頭，以及吃東西的嘴巴。這個人所思考的事情，沒有一件是錯的，他只是沒有去做任何一件事情而已。在這世界上，有許多這樣的大頭男人。我時常會想起這個噁心男人的故事。

許多人心中想著正確的事、好的事，絲毫不說任何錯誤的事。而且，也有人任何一項都沒去實踐。

要做出美味料理的「祕訣」，我認爲就在於實踐。各位讀了我這本書的內容，可能會覺得的確如此吧。首先，請各位批判我所說的話，思考其正確性。接著，若各位認爲的確如此，就請一定要加以實踐。

思考也很重要。聆聽也很重要。同樣地，實踐更重要。

想要做出美味料理的心情，和做出美味料理這件事，看似很像，實則不同。我們即使心中「想要做」，卻很難想著「要去做」。就算想著要去做，到做完爲止，也需要一段時間。不過，由「想要做」的心情，到下定決心「要去做」，不用花費一秒鐘。首先請各位抱持著希望。若希望嘗試做看看，請下定決心將它完成。若下定決心，請迅速著手。沒有任何所謂的困難。有太多人還沒開始嘗試，就覺得辦不到而放棄了吧。料理，共存於我們日常生活中，因此這個「祕訣」，總是離我們近在咫尺。雖然道路可能很遙遠，但這遙遠的道路，總是從離我們最近的第一步開始。

個性

個性

那是某個晴朗的午後。我雖然這樣開了頭，但請不要擔心我是不是要寫文學作品角逐芥川獎＊4。現今的世道，什麼獎什麼獎的似乎太多了，就像常務董事、總經理之類的也太多了。每每在路上遇見認識的人，不知道是不是因爲太久沒見面了，對方一定會遞出名片。就算對方是什麼年輕小伙子，名片上寫的，瞧瞧！大多是總經理或常務董事。但可別因爲對方是總經理就慌張起來，有的總經理，公司裡只有一支電話、一張桌子和他一位總經理；或是因爲認識銀行的人而專門負責去借錢的常務董事。什麼獎之類的亦然，不覺得實在太多了嗎？雖然比起貶低他人，稱讚他人更是椿美事且令人愉悅，但若給了過高的評價，很難說不是等於毀了對方的前途。若正好得了某個有水準的獎項，也可能成爲已經一腳踏進棺材的證明……

我究竟想說什麼？對了，那是某個晴朗的午後，我牽著狗去散步。不，不是這樣，我是和國小老師一起去散步了。這位老師從很遠的地方來拜訪我，他是福井縣出身的，總是送我福井的特產「石頭魚」。

4 芥川龍之介獎，日本文學最高榮譽之一，為純文學的代表獎項。

特別是福井的「海膽」，眞是日本第一好。日本也有許多其他的「海膽」產地，但恐怕福井的「海膽」是最特別的吧。福井四箇浦一地出產的「海膽」是沒有刺的。那該說是刺還是針呢？總之沒有那種一個個凸出的東西。切開後，裡面不像其他「海膽」有柔軟的肉，殼裡面的是一塊塊乾掉、如同樹木果實一樣的東西，掉在地上搞不好還會有咕咚咕咚的聲響吧。將肉取出放在砧板上，細心地製成海膽醬＊5。我正好也要去車站，便和「海膽」產地來的這位老師一同出門。在路邊玩耍的小學生看到這位老師，立刻低下頭敬禮。老師回頭看了看我，笑著說：

「我無論走到哪裡，都會被小朋友行禮呢。不管到哪裡旅行，我在孩子們的眼中都像是學校的老師吧。」

我感到很佩服，但又覺得害怕。老師，或者說是這些已經被定了型的人，我總覺得他們很了不起，卻同時爲他們感到可憐。正因爲被定了型，所以才有辦法正確地教授定型的教育。不過也因爲他們被定了型，就只做得出定型的東西而已。

料理亦然。定型的料理，只會有固定的呈現。我絕對不是指定型不好，比起荒謬不用心的料理，至少定型的料理不會讓人看不下去。大學畢業的無知，至少還勝過大學沒畢業的無知。只是，就算進了大學，除非自己想學，不然什

5 海膽加鹽製成的食品。越前（福井縣）的海膽醬為江戶時代天下三珍之一。

麼都學不到。眞正想做並且努力的人，是不需要學校的。學校是爲了不被迫就不會去做的人而存在的。能夠自己努力研究的人，不用特地去學校也沒關係。話雖如此，無論是學過或自己做過了，實際上並沒有太大的差別。用字來比喻，學過「山」這個字，和自己努力研究出「山」這個字，兩者寫起來沒有什麼不同。「山」這個字怎麼寫都不會變，「山」就是「山」。不同之處在於，定型的「山」沒有個性，自修習得的「山」卻擁有個性。自修習得的字擁有力道、擁有心、擁有美。學會定型的東西也許正確，但正確不一定會帶來樂趣或美。擁有個性的東西卻有著樂趣、品味及美。經歷數次失敗、好不容易才達到的，和學習定型的東西所達到的，是同樣的境地，也就是所謂的「正確」。而且，有個性的東西不只有型、有外觀、有做法，還會自然蘊孕出韻味、力道、美、色及氣味。不過，若有心想學習，就還是去學習吧。學習也能學到所謂的力道、美，以及味吧。必須注意的是，不要被被灌輸既定的力道及美。由「型」開始學習沒有什麼不對，怕的是只要合了「型」就感到滿足。必須將「型」捨棄才行。必須超越「型」才行。從「型」畢業後，必須立刻自己踏步前進才行。如果產生許多同「型」的東西，日本是不會幸福的。正因爲有山、有河、有谷，才美麗。而且就算在山裡、在谷裡，也不會有相同形狀的樹或相同大小的花。這一朵朵的花，原本都是從同樣的種子發芽而生的。發芽之後，每一朵都憑一己之力孕育成長。

我說「不要學習」，指的是不要滿足於定型、不要怠於精進。

讀了這本書，絕不會因此就變得了不起。只讀了表面便滿足，更令人爲難。請各位一定要實踐，並且各自研究、成長。若各位讀完就自以爲理解，我會感到很爲難的。

那麼所謂個性，究竟是什麼呢？

種瓜得瓜，種豆得豆。就是這個意思了。

不瞭解自己的長處，只羨慕別人，也是不對的。無論是誰都有長處，而且各人的長處都是各自珍貴的寶物。

不應覺得牛肉上等，而白蘿蔔廉價。就像不該幻想著將白蘿蔔變成牛肉一般，我們在面對料理時也不應該抱著錯誤的想法，總是認爲價格高的就是好。

在吃完壽喜燒之後，任誰都會想吃些醬菜或茶泡飯。料理重要的是表現出料理者的個性，同時活用食材各自的特性，使其發揮出樂趣及美感才行。

碧海藍天

海の青と空の青

春天的海，總是緩慢起伏波動著。

夏天的海，映照著強烈的陽光。海泛著光，與海連成一線、不斷向上翻滾的積雨雲也是亮的，天空也是亮的，在海邊遊玩的人們，肌膚也閃爍著光芒。

秋天的海，如同喪夫之婦一般寂寥。

冬天的海，頑固且沉默不語，卻又突然從心底爆發怒氣似地怒號。逆浪吞噬了光芒，黑暗空中不見星影，浪高飛濺，瞬間又如幻影似地打在岩石上破碎，升天而去。

春秋的海底，是無數魚類的世界。有些魚群隨著潮流移動，也有魚群乘著波、飛翔於海上。居住在稍微深處的魚，連肌膚顏色都與淺水處的魚不同。除了在水中游移而居的魚兒之外，海底的砂、岩石，每樣生物都占有自己的住所。

鮑魚緊緊依附在岩石上，無論什麼敵人，想來都無法把牠的硬殼掀開。不過，卻有傢伙對這樣的鮑魚執念之深，例如章魚。章魚側著和尚頭，斜著身游近鮑魚身邊，接著用腳把鮑魚貝殼上的洞全部堵住。鮑魚會覺得呼吸困難，不得不悄悄地把身體離開岩石上。此時正是章魚等待已久的關鍵時刻。和尚快速地將鮑魚拉出來，飽餐一頓。這和尚似乎萬事都由自己打理，因此牠的住處圍繞在大量貝殼堆砌而成的城牆內。城牆裡不守清規的和尚正睡得香甜。知道牠在城牆裡酣睡的大魚，突然襲擊將牠吞食。此外，在深邃的海底，也有魚類身體散發著光芒，在光線照射不到的黑暗深海中，像幽靈一般穿梭著。還有頭上像頂著一盞燈的怪魚，舉著燈四處捕捉獵物。

無論是寂靜的海底，或是如號泣般捲著暴風的海底，牠們的鬥爭從未結束，不斷進行著強與弱的競爭，永無止盡地持續下去。螃蟹張著兩隻螯，在沙地上側著行走，尋找並吞食獵物。在月夜下，蟲子們憑著月光一發現螃蟹的蹤影，就會即刻逃離。螃蟹就算凸起眼珠也無法尋獲獵物，只得抱著饑餓。所以大家才會說月下的螃蟹太瘦了不好吃。不過在月夜時，也有從海底爬上沙地在沙中產卵的海龜。不只水裡的魚和貝類，海底或岩石上也充滿著綠、褐、紅等彩色藻類，隨著波浪搖曳。

人們從這無止盡的深海底和無數的海浪之間採食魚類、貝類和海藻。最早把海參抓來吃的人，不知是什麼樣的人？他或許時常望著這外形古怪的海參，最後下定決心抓來吃吃看。與其把這樣一個人塑造成勇於嘗試的英雄，歷史學家認爲其實他更像是個難以理解、行事怪異的人。

無論任何事物，總是活著的最美。經歷挑戰而活著的，更爲新鮮。看看活在海裡的花枝吧。「花枝是白的。」會這麼說的人，就是不懂花枝。花枝絕不是白的，那是已經腐壞的花枝殘骸。花枝是透明的，不只是透明的，身體上還布滿磷光般的光亮，像是拿著蕾絲手帕、掩著嘴角的貴婦般優雅地游著。鯛魚則是身體鑲嵌著發亮的寶石，大搖大擺地往前邁進。海中生物的世界，如同帶著植物色彩光輝的故事般美麗，而且無時無刻都爲生存持續鬥爭著。睜開眼看看海面彼方的水平線吧。延續著水平線的，是天空的顏色。海的顏色與天的顏色就算看起來融爲一體，海仍然有海的顏色，天仍然有天的光亮。海與天交合，水平線在兩者之間劃出一道，冒著煙的船隻，像是朝著海天交際線般前進。

張著白翼的鳥，飛翔在海天相互映照之間。那是什麼鳥呢？

曾經有詩人如此詠出白鳥的心境：「不被碧海藍天所染，只是飄飄然。」但就算同是藍色，天與海的藍，自然就是不同。畫畫時，不論是畫天鵝、美人臉蛋，或是白皙的夜月，用的是同樣的白色顏料。不過，若是很棒的藝術作品，月亮的白、天鵝的白、美人臉蛋的白，每種白色都截然不同。這是爲什麼呢？雖然是在同一個調色盤上所調出的同一種白色，但天鵝是悲傷的，夜月是冷淡的，美人的臉是溫潤的。這便是繪畫之心。畫筆是手的延長，白色則是心的表現。無論是天鵝、夜月、美人，都不應該只是無所謂地塗上白色而已。就像這些白色會自然呈現不同，繪畫者的心也必須時時刻刻隨情況改變。也就是說，在畫夜月時，若只是因爲夜月是白色就塗上白色顏料，那就錯了，必須心中想著「現在畫的是夜月，是冷淡的夜月」。若是畫美人，並不是因爲她的肌膚是白的，那是美人的臉頰、是美人的手。必須用心感受美人肌膚的柔滑和彈力才行。這麼一來，所畫出來的畫就算用的是同樣的白色，也會各自呈現出不同的風貌。

做料理時加鹽，必須先想清楚這麼做是爲了要讓料理變鹹，還是像煮紅豆湯一樣是爲了增添甜味。若想讓料理變鹹，就把它當成增加鹹度的鹽來添加；煮紅豆湯時，就用增添甜味的心情加進一撮小鹽。就算精準地用茶匙計量，因食材或火力大小等因素，不一定會呈現原本預想的味道。無論做什麼，製作時的心情都很重要，繪畫的人若少了這份心，就只是在塗色而已，不是藝術家，而是所謂的工匠了。那不是繪畫，而是著色。在製作任何東西時，除了技術之外，當事人的感情與人品也很重要。就算使用同樣的材料製作同樣的東西，差異便是從此油然而生。

加了一撮鹽之後，鍋中的味道變得如何，這點絕不能不知道。若一定得每次都嘗過才知道味道，這樣是不行的。甚至有些人爲了不斷調整味道，舌頭漸漸麻痺，總算覺得味道滿意時，鍋中竟然已經被吃掉一半了。不用嘗也知道鍋中的味道，這才是理所當然的。詩人能歌詠石頭的心情、鳥的心情；名醫不必用聽診器一一檢查，也知道病人哪裡不對勁。大人會傾訴自己是胃痛或頭痛，但嬰兒生病時既不會說話，也不會表達。醫生若不問診就不知道病人的狀況，豈不是無法判斷嬰兒生了什麼病了嗎？料理的味道亦然，若得一次次品嘗才知道，那就糟糕了。藝術並非專屬於藝術家，料理也是一門藝術，要把瞭解味道的變化，當成是做料理時一份貼心的愛。

是食材還是料理

材料か料理か

我常聽人問：「要怎樣才能做出美味的料理？」請大家先想想什麼才是所謂的美味吧。

人類是習慣的動物。

有人每天不喝咖啡不行，也有人戒不掉抽菸。試問這些人，咖啡眞的那麼好喝嗎？抽菸眞的那麼好嗎？大部分的人並不是因爲咖啡好喝或抽菸很好才戒不掉，而是因爲習慣了，所以無法戒掉。人有時會因爲養成了習慣而無法從習慣中脫離，有時卻因爲每天不斷重複，反而因此生厭。接下來我所要談的並不是習慣的味道，而是任誰都會覺得好吃的味道。

雖說一樣米養百樣人，但香菸和咖啡本身也有美味和不美味之分。當然，每個人可能各有所好，不過香菸或咖啡的美味是後來所添加的味道，而我所要說的，是指原本的味道。

也就是食材本身的原味。

因此，所謂美味的料理，烹調方式只是次要，其實重點在於食材。在中國，料理指的是食材六分功、烹調四分功；日本與中國不同，食材特別好，因此占了九分功，烹調技術只占了一分。換句話說，食材的品質遠勝於中國。

有人喜歡吃甜，有人喜歡吃辣。但我想說的不是這些或甜或辣的美味，而是在美味料理中占了「九」分的食材的美味。

美味的壽喜燒，原因在於好的牛肉；美味的蕎麥麵，在於蕎麥粉的品質優良；美味的義大利麵，則是因爲麵粉品質上等。

蝦子也有許多種類，就算是同種類的蝦，來自原產地的口味更是不同，是會讓人恍然大悟的美味。若產地不對，就算再怎麼下工夫，還是無法媲美原產地一般程度的蝦。世界各地各國，每片土地都有當地美味的東西，大家至少要瞭解自己身處之地周圍哪種魚最美味、各種魚哪個部位最好吃。就算只買一片魚切片，由於魚店大多會賣各個部位的切片，所以也可以買到魚最美味的部位。有些魚是尾部比較好吃，有些魚則是腹部的魚肚最好吃，這些都值得細細觀察。而且必須能夠一眼看出這條魚是經過久放或仍保新鮮。這些都不只要用眼睛看，更要用心去分辨。這是累積許多經驗才能培養出的眼光。

這些對於從事料理的人來說，都是最必須留心的，就像從事骨董生意，最重要的是眼光銳利。骨董行業是做買賣的，有眼光也是理所當然。若認爲自己又不是骨董商，怎麼可能一眼就看穿味道好壞，這麼想就大錯特錯了。就像從事骨董生意的骨董商一樣，從事料理的廚師不正是拿料理來販賣嗎？妻子做料理，讓先生吃得美味而能夠好好工作，這便是妻子的任務，不是嗎？若沒有如此熱忱或誠意，就無法稱爲是一個好廚師或盡責的主婦。因此可以說「料理美味與否，十之有九在於所選食材的品質」。換言之，必須從食材開始就盡全力愼選。

料理的祕訣

料理の秘訣

烹調美味料理的祕訣
享用美味料理的祕訣

瞭解這些祕訣很重要。這些祕訣說穿了，就像魔術的手法一樣，「什麼嘛，只是這樣啊……」沒什麼大不了的。也就是我一再強調的：選用好的食材。大部分的人可能會說「我早就料到會是如此了」，但凡事太早下結論，都是太過輕率、不慎重的。請各位先冷靜思考要如何教育智能不足的孩子。就算用盡關懷、啟發他的智力，也無法將智能不足的孩子培養成獨立的一般人吧。

料理的食材若如同智能不足的孩子一般，將無法做出美味料理，只會遭受挫折，毫無效果，徒勞無功。

此外，料理不美味的原因，大抵都是廚師在選擇食材時不瞭解或不細心，要不就是選錯了食材，或是判斷食材的功力還不成熟。

也就是將智能不足的孩子聚集起來教育，只是白白損失力氣而已。只會做出失敗的料理。

就算有好的食材，若無法活用，只會抹殺食材的本質而已。就像是有個聰明孩童，卻不懂得如何教育輔導他。

各位能夠隨時隨地用眼睛辨識出用來提味的柴魚是否品質優良嗎？或是能夠鑑定高湯昆布的品質嗎？就算是能夠對料理侃侃而談的人，大概也很少人有自信能夠做到這第一階段。

味噌的好壞、醬油的好壞及種類、醋的好壞及顏色和香味差異、油、鹽、砂糖。大家是否曾在日常生活中仔細挑選過這些食材呢？

也許有人覺得這還眞無趣啊。這樣的人根本無法對料理抱持著上進心，不在此討論範圍內。

有許多認識的人會向我詢問高級料理的細節，但這些人連最根本能將柴魚刨得又薄又漂亮的刨刀都沒有，就算有，也搞不清楚使用的方法就拿來刨。對於在料理上占有重要角色的東西，如醬油、醋、油等，也從來沒關心過。大家都太胡來了。別說是熬昆布高湯的方法了，連煮高湯的方法都不知道，所以用量也都是隨便取的。這樣的人還能大談料理經濟之類的，實在太可笑了。

就連每天早上的味噌湯，也一直都是不以爲然地隨便亂煮。

明明如此，卻大言不慚、自大地說什麼烏魚子一定要長崎的、這個腸子部分要怎麼吃之類的話。這些言行輕率的人不分男女，就算希望料理技術提升，也不會實現。

原本，「料理」指的是照料處理，也就是指「整頓事物的道理」，而並非指烹調一事。

一般人將供應餐點的店家稱爲「日本料理店」、「西洋料理店」等，但這其實與字面意義不符。「料理」這個字，並不包含要煮要切等烹調的意思。「料理」一字，就是照料處理、思考其道理，指的應該是烹調的內容。「料理」也可以用來說料理某個國家，或是料理某個人。因此，若用在餐館，就是指料理魚、料理蔬菜之意。

總而言之，要做出美味的食物，鹹淡的調整就必須合理。無論如何，都必須合理才行。

這麼一來，事情就變得複雜許多了。但事實上，如果做料理的當事人沒有興趣，就會覺得做出美味料理是極爲麻煩的事吧。總之，做料理時絕不能偏離道理，就算只是烤一片淺草海苔或一塊麻糬，若少了這份心，就無法做出令人滿足的成果。

也就是說，這事並不適合愚蠢的人來做。相對的，如果能專心致力於同一條路上，愚蠢的人也會變聰明。不過，蠢才也只能學會一招半式就是了。唉呀，我只不過是把一切狀況說出來罷了。

關於料理，雖然前面提了不少，總之，最合理合法的第一要件，便是要有好的食材。海鮮、蔬菜、肉類，無論哪個種類，都要求好食材。說到好食材，相信不少人立刻會聯想到價格昂貴，但事實上不一定如此。一塊豆腐，無論和誰買，價錢都相同。若和好的豆腐店買豆腐，味美便稱得上划算。味噌、醬油、醋，不會有太大的價差。

對識貨、懂吃的人來說，就算只是一般配菜，也能用同樣的價錢吃到美味。即使只是一片鹹鮭魚、一根白蘿蔔，懂得品質好壞者，就能花同樣的錢享用美味。若想稍微奢侈、買較高價的食材，對原本就是老饕的人來說，選擇食材更是第一步。假設要買一條鯛魚，無論是哪一種鯛魚，若魚本身品質就不好，更別提要做出美味的鯛魚料理了。電視節目中常有人毫不在乎地說：「只要是白肉魚，哪種都可以。」這些人應該爲這種言論引以爲恥吧。

外行人若看到重達三點多公斤的鯛魚，都會覺得這麼大隻應該很好吃吧。不過大鯛魚只是虛有其表，絕對不會好吃。

另外，像是魚市場中的活鯛魚，也是用來取悅外行人的。一般人可能會認爲這些活鯛最好吃，但事實並不一定如此，在海上直接先把魚殺了、也就是以俗稱「野締」的殺魚方式保存得當的上等鯛魚，往往還比活鯛來得好吃許多。活鯛在被運上岸之前，一直被困在船底魚槽裡，運上岸之後，還會被放入小小的人造海水池中勉強活著。如此會讓鯛魚風味中最重要的脂肪流失，全身水腫，成了虛有其表的難吃鯛魚。

不過當中也有例外，會抽到上上籤，買到美味鯛魚。雖然無法以一論之，不過大致是如此。一味追求活體就一定好吃的想法，有待商榷。以季節來說，三、四、五月左右的鯛魚最好。我曾在五月左右到朝鮮旅行，沿著海邊從木浦*6 一路吃到到馬山*7，品嘗到比明石鯛*8 還要好吃的鯛魚。

我也曾在四、五月時，在一般來說鯛魚品質很差的加賀山代*9 至金澤*10 一帶，吃過好幾次與平常有點像又不像的美味鯛魚，好像是從朝鮮海峽一帶游過來的。

四、五月左右的明石鯛品質之好，無庸至疑。以大小來說，大約是三、四百錢*11。再大的味道就普通了，不好吃，完全只是拿來祝賀用的，反而小隻的才好吃。用手指壓鯛魚的背部，如果魚肉柔軟，便不適合拿來做生魚片，最好要像塑膠球一樣有彈性。

太瘦的也不好，表示發育不全。眼睛或魚鱗的顏色如果失去清澈，就更不用提了。如果腹部脹起，有各種原因，有些是因爲儲卵，有些是吞了餌，有些則是因爲空氣進入才膨脹的。

6　現今大韓民國全羅南道西南部的城市。

7　從前曾存在於大韓民國慶尚南道的城市，二〇一〇年編入昌原市。

8　在瀨戶內海鞆之浦附近捕獲的鯛魚。

9　位於日本北陸地區，石川縣加賀市。

10　石川縣金澤市。

11　約一公斤半至兩公斤重。

因爲抱卵而腹脹雖然好，但其他兩種狀況就必須小心。鯛魚切片雖然不難買，但若要買上一整尾，則必須具備以上的鑑定能力。

魚卵在成熟前半個月最好吃，成熟的卵爲了要一顆顆黏附在海草上，在卵袋中時，卵與卵之間便會產生空隙，已經不好吃了。「白子」指的是雄魚的精囊，一般來說不如「眞子」*12受歡迎，但老饕會異口同聲地表示白子好吃，例如河豚的白子，無論是誰都會大讚是天下第一美味。

12 魚類的卵巢。

費盡筆墨及唇舌

筆にも口にもつくす

某天，我和一位女性有以下的對話。

「老師，是否能請您告訴我做料理時該注意什麼？」

「嗯，這個問題問得很好。妳不是問我方法，而是問我該注意什麼，這點很不錯。這個嘛，首先要很貼心，這一點不可或缺。」

「好的，一定要貼心……沒錯吧。」

「是的，要用眞心。有段故事是這樣的，某個人住在別墅裡，別墅也有很多種，他住的並不是什麼值得誇耀的那種。」

「您是說像『小菅』＊13 那樣的地方嗎？」

「嗯，妳也懂得不少嘛。總之，就是那樣的別墅。在那裡，每天都有很多人送便當等東西來給他，朋友送的、認識的人送的、曾受他照顧的人送的，還想在他離開別墅後利用他的傢伙送的，什麼樣的便當都有。其中有一個便當，不用問是誰送的，他也立刻能知道。那是他母親送的，他一眼就知道那是母親送來的便當。」

13 東京葛飾區西北部一代，同時也是東京看守所所在地。

「老師，這應該是因爲母親的便當包含了貼心吧。」

「沒錯沒錯，這份眞心勝過所有的便當，他一眼就知道了。」

「我知道了。老師，這麼說來最貼心的料理，就是母親或太太所做的東西囉。」

「就是這樣、就是這樣。」

「那麼想請教老師，深愛的太太用眞心做出來的料理，應該是世界上最好吃的，不過有時候卻會覺得餐廳的料理好吃多了。不，應該說大部分的情況，比起家庭料理，餐廳的料理通常都比較好吃，這是爲什麼呢？」

「嗯，妳指出了很好的問題呢。我只有說貼心、眞心最重要，但可沒說就是最好吃的。」

「老師還眞是會逃避重點哪。」

「我沒有逃啊，我又不是在和妳玩捉迷藏。」

「那麼老師，請您說明一下吧！」

「好啊。」

「請快點告訴我。」

「好，不要急，我現在就慢慢解釋。」

「不好意思，我會注意的。」

「不用道歉啦，哈哈哈。那麼我就繼續說了。首先要眞心，但只有眞心是不夠的。就算眞心很重要，不過如果只有眞心一切都能達成，這個世界也太簡單了。如果是新婚夫婦，就算親愛的太太白米沒煮透，一樣令人開心吧；就算把牛排煎得像草鞋一樣硬，也會很感謝她吧。不過，新婚夫婦是被沖昏頭的。所謂眞心或貼心，不是沖昏頭之下的東西，必須更冷靜才行。有了眞正的眞心，並且具體表現出來時，眞心才會被看到。光用想是看不到的，必須表現出來。若說眞心無法用筆墨或言語表現，充其量只是逃避的說法而已。必須用筆墨或言語表達出來才行。就算再怎麼想好吃的東西，肚子也不會飽，必須把心中所想的不斷具體表現出來。只要有眞心，就能夠達成。不，應該說是會忍不住想去做。這就是方法、手段了。」

「我懂了。不過，有沒有什麼例子呢？」

「總算要進入妳想問的部分了。」

「我想趕快知道答案嘛。」

「日本稍早的時代有妓女存在。」

「老師，我不是在問妓女的事，我問的是料理。」

「等等，不從這裡開始講，妳是不會懂的。這些妓女很厲害。」

「這和料理有什麼關聯呢？」

「例如……妳不要露出厭惡的表情，繼續聽下去。相較於太太，妓女厲害多了，她們知道要怎樣讓客人高興。不過，她們所做的常常都只是表面而已，也就是生意人。餐廳的料理也是如此，他們知道客人的喜好，相對的，事後會收取費用。沒有人會付陪睡費或煮飯錢給太太，但當太太的並不會因此而怠惰。有些人經過多年之後，連最重要的眞心都忘了，所以先生只到餐廳吃飯、只抱其他女人。若有眞心，技巧便是必要的，但也不能只重視技巧或輕視技巧。我的意思不是要當太太的模仿妓女，而是只要有眞心，在屋裡簡單插盆花也是一種表現。不是要刻意擺出媚態，只要在喜歡的人面前，自然會流露出嬌媚，聲音也會變得溫柔。料理也是，即使只是做一道湯品，只要有眞心，就不會容許做出像水一樣的湯了。好好料理，細心調味，這便是讓對方吃得更美味的一種眞心表現了。」

「老師，我瞭解了。那麼，我先離開了。」

「喂喂，不用那麼急著走吧，接下來才是重點呢。怎麼做出更經濟實惠又好吃的東西，還有選擇食材等，重要還在後面呢。」

她慌慌張張地離開，而我的話也就草草結束了。

長生不老的祕訣

不老長寿の秘訣

若要論起美味，還眞不是件容易的事。之前有木下謙次郎所寫的《美味求眞》、大谷光瑞的《食》、村井弦齋的《食道樂》、波多野承五郎的《尋找食味眞髓》、大河內正敏的《味覺》等等展現各家之言的作品，但實際上談到美味的問題，各家所言都沒有值得學習的。

從各家的美味極樂體驗中都可窺探出其貧乏之處，不值得拜讀，實在遺憾。也就是說，由於欠缺製作料理的能力及經驗，使得對事物的看法及想法都只淪於表面，不夠深入。另外，也有人是因爲天生資質不夠而導致內容貧乏。最重要的是，這些人對美的關心太過於薄弱了。

再怎麼說，與食有關的話題實在太深太廣，似乎不是能夠輕易論述的，因此許多人的食記都太過草率了。講得極端一點，他們根本不知道享盡飲食之樂的方法，而且慾望也不足。

就我來說，以美味爲樂七十年，至今仍不算已盡善其道，只是極其享受這條路罷了。不過，七十年來不斷沉醉於美味生活的結果，果然讓我遇上了瓶頸——

頂級美味這件事幾乎沒了蹤影，來到了沒有比這更不自由的境地，深感「樂極生悲」。這便是今日的我。

許多認識我的人，都說我到了這番境地很不幸。也許眞是如此吧，享受美食成癖七十年的結果，竟是以不幸而終，被嘲笑也不奇怪了。

不過，人生在世，受到許多天賜恩澤，其中與生命相關的「食」，並不是可以輕易接受便了事的。數千數萬的食物，每個都有不同的味道，給人無上的樂趣。享受這一個個食材的原味，便是飲食，也就是料理的道理。不好的料理會抹殺食物的本質，浪費了食材的原味，這也可說是一種違背天意的行爲。吃了不好吃的東西也不覺得怪，毫無知覺地吃脹了肚子，還因此生病。這些人只能說眞是可笑至極。廣播、雜誌、電視幾乎每天都在談營養，由此可見世上有多少營養失調的人。

幼稚的營養師會將營養食物及營養藥物混爲一談。營養食物是吃在口中感覺美味、讓人快樂，可成爲精神糧食的東西。營養藥物則是使病人極不愉快、把病人搞得更像病人的東西。再說明一次，營養食物是人們無法制止慾望想吃的美味。自然攝取這樣的食物，不斷讚嘆其美味，身體自然會健康，食物的營養效果也會相對提升。有許多實際例子顯示，難下嚥的營養食物並無法達到預期的營養效果。

若要論「食」，只要能敏銳察覺食物本身的特質，由此在料理上下工夫，做出合宜的處理，就能吃得美味。更不用提如果食物美味，就能發揮其營養，使身心舒爽，獲得健康。這麼一來，關於料理的思考也會變得有藝術性，而且更有趣了。

若生活總被坊間許多虛僞、胡亂的料理欺瞞，理所當然地世上會充滿殺戮之氣。「衣食足則知禮節」*14 這句話用在現代仍然眞實。我並無意藉由本書誇耀自己的經驗，但持續前述的飲食生活，長年下來的結果，直至如今七十多歲了，我幾乎沒有生過什麼大病。我雙頰氣色紅潤，常被誤以爲是喝了酒。重要的是，我從來不覺寒冷，面對暑氣也能自若，工作量也是一般人的好幾倍。能笑、能談，手中無財或被嘲笑也都完全不覺苦，因此大家都說我很健康。所謂憑己之所欲的生活，應該就是這麼一回事吧。

14 原文出自《管子・牧民》：「倉廩實則知禮節，衣食足則知榮辱。」

料理之心

料理する心とは

接手「星岡茶寮」*15後，我主張要革新日本料理。那時某位廚師曾說，每當我到廚房工作，剩餘食材的垃圾就只有平時的三分之一，因爲只要我負責處理剩餘的食材，丟掉的量就會減少。直到現在，我一直對此引以爲傲。有一次我到廚房，發現廚師正準備做白蘿蔔淋味噌*16，他很豪邁地把蘿蔔皮削去。我試問他削下來的皮要怎麼辦，他只回答我：「當然是丟掉啊。」因爲是皮，所以只要丟掉就好。但其實若放進米糠味噌裡，還可以做成醬菜。其他食材也是，若花心思，什麼都能當成寶物來使用。

像這類的事，人們稱之「廢物利用」。但蘿蔔皮原本並不是廢物，會稱「廢物」，是不瞭解料理才會說的傻話。皮的部分才有蘿蔔特別的味道，而且很營養，因此原本就不應該把皮削掉才拿去做料理。只有在宴客時爲了美觀，或是蘿蔔本身太老，皮已經失去價值，才會將皮削掉。然而，不瞭解此事的廚師，無論做什麼都把皮削掉。我在鎌倉，每每要吃蘿蔔時，用的總是剛從田裡拔出來的。如此新鮮的蘿蔔，皮當然不必浪費削掉。

15 「星岡茶寮」是從明治時代至昭和年間，位於現今東京都千代田區永田町的餐廳。大正時期經營不振，由美術印刷出版公司「便利堂」經營者中村竹四郎以社長身分接手，魯山人以顧問身分參與。

16 「風呂吹き大根」，將白蘿蔔切成厚圓片狀，煮軟後淋上味噌食用。

不懂這些道理、沒有教養的廚師，就算是拿到在鎌倉剛拔起的蘿蔔，也會把皮削掉。如果是給我吃，我總是會告訴他們不可以這麼浪費。不過當然還得看對象，若是面對那些半吊子的客人，配合客人的資質，削皮有時反而必要。但是，若一開始就沒有把蘿蔔皮放在眼裡，就不能稱作眞正的廚師。這些不曾學過料理憲法的人，實在很令人困擾。不只是白蘿蔔，例如山葵的莖也是如此。大家都會把莖扔掉，不過山葵的莖顏色翠綠清爽，口感清脆，味道稍微辛辣，依照料理方式，甚至比山葵本身還好吃，爽脆的口感也很適合當成小菜。很少有比山葵莖還要更好用的東西了。

聽了我這番話，許多還不成熟的年輕人會覺得我小裡小氣的，但我究竟是不是太過節儉，從其他事情來看就知道了。我之所以會忍不住這麼做，是因爲浪費能用的食材不用，對身爲一個廚師來說，不但一點好處都沒有，更有損專業。

料理食材不知有幾千幾萬種，每一種都有獨特的原味。無論任何食材，都有其他食材無法取代的味道，這是創造出天地的自然力量。若說料理是爲了活用食材的原味，那麼善用所有能利用的部分，才値得稱作料理，並且稱得上是廚師。這才是料理之心。

料理戲劇

料理芝居

良寬*17曾說過：「不喜之事有三。」包括詩人的詩、書法家的字、廚師的料理。的確如他所言，我還真想高聲地不斷附和。我平時就深深覺得，廚師的料理、書法家的字、畫家的畫，這些東西實在沒有什麼了不起。

那麼，究竟爲什麼會有這種感覺呢？

良寬所說的，想必是指廚師的料理或書法家的字之類的，都過於矯飾而空有其表，缺乏眞實。也就是說，不應做作。

但我卻認爲，把家庭料理直接拿到餐廳當菜單是行不通的，因爲這麼做客人就不會來了。很明顯地，家庭料理與餐廳的料理是有所區別的。

這個區別是什麼呢？家庭料理存在著料理最根本的眞心，而餐廳的料理卻將其美化、形式化，用矯飾來欺騙人心。如要比喻，家庭料理就像料理中的眞實人生，而餐廳的料理則是空有表象的戲劇。

而且這些不僅只是戲劇，爲了遊走在低層社會，他們還不得不演戲。我之所以認爲餐廳的料理一般來說都不行，是因爲這些戲劇大部分都只是排演而已，

17 一七五八至一八三一年，江戶時代後期僧侶、詩人、書法家。台灣相關著作有《清貧的思想》。

演出這些戲劇的廚師都是拙劣的演員，而不是名演員。今天許多餐廳打著什麼法國料理、茶料理、懷石等招牌誇大其事，有些實際上會被人批評，但也有些會受人喜愛。

我前面提到，餐廳的料理不能是家庭料理，但客人並不瞭解這一點。這就像實際生活的行爲和戲劇中所演出的舉止不能一樣。

試想，把夫婦爭吵的劇碼搬到舞台上，如果某個演員將實際生活中夫婦吵架、互摑巴掌的場面原原本本搬到舞台上演出，這些怒吼的台詞，聽起來反而像是在說笑似的，原本該是悲劇的場面，看起來反而很滑稽。在舞台上，有時必須比眞實要來得誇張，有時則必要省略。要在舞台上表現奔跑，如果像實際在地面上跑步一樣，反而表現不出跑步的感覺。

同樣地，餐廳的料理是將家庭料理加以美化、定型化之後，在舞台上演出一場料理的戲劇。不過，這些演技必須是名演員等級的，我所謂劣等的餐廳料理，是因爲這些廚師都並非名演員。

若以書法來說，所謂書法，是日常生活中有用的書信或日記，目的不在讓他人看到字寫得多好，如此才算是眞正的書法。意即書法中存在著眞實的人生。因此，書法擁有最純眞的美。不過，若要將其做成掛軸掛在壁龕*18 中任人觀

18 指和室當中內凹的小空間，通常用來擺放藝術品等裝飾。

賞，或是裱框起來裝飾在欄間*19，就必須是很好的作品才行。這裡的書法，也成了被美化、定型化的戲劇演出了。書法家的字，即是如此。

但大多時候，這些書法就和廚師一樣，既不是名演員，也沒有好技術，因此不值得將其視爲名作來珍藏。並非因爲是書法家的字所以不行，而是因爲是拙劣的演員，所以才不行。

不過，在我們日常生活之中，有許多時候不得不演戲。別說是廣泛與人交遊的交際生活了，甚至連認爲不必要演戲的私生活中，也並非完全不想裝模作樣。

例如親子關係就是如此。面對孩子與面對友人，自然不得不採取不同的態度。也就是說，必須要表現出父親的樣子，無法坦誠面對自己的孩子。

完全不需要演戲的社會，就算到深山部落去找，也不存在。但並非因爲它是戲劇就不應該存在，只是，一齣差勁的戲碼，即使是父親對孩子的教育，也無法給孩子好的影響。更不用說若對待自己的孩子與對待友人的態度相同，演了錯誤的戲，更不是件好事。可以說，當面對孩子時，就必須以爲人父母的身分，做一個好演員。

再擴大以社會來說，戲演得好的人，便是社會上的成功者；戲演得不好的，則是失敗者。這也是能夠理解的。

19 指和室中拉門或紙門上方、與天花板之間的空間，用來採光或換氣。

日常起居，我們的生活都被戲劇所圍繞著。餐廳的料理就是料理的戲劇。我的這般比喻，勉強來說，是不得不的說法。

招募廚師

料理人を募る

當星岡茶寮「招募廚師」的廣告在報紙上登出來後，只不過是極小的十行字，而且也只登了一次，就湧來了上百位的應徵者。經濟不景氣、失業人口增多也有影響吧，但這也明顯表現出世上的廚師多得溢出來了。不過我還是要在這裡打個廣告。我們並不是要徵很多的人，而是要徵一位眞正的廚師。我想知道本雜誌讀者諸君的交遊中是否有這樣的人。

就像良寬所說的：「不喜的是廚師的料理。」眞正的廚師，能製作出不讓人討厭的料理，指的是十分瞭解眞正的料理的人，或是今後能懂料理之人。這樣的廚師，首先必須懂味道，並且懂得享受味道才行。面對美味的食物、難吃的食物，始終抱持著極度敏銳，將日常的吃食當作踏板，專注於一輩子的修行。以月收百圓、兩百圓、三百圓爲目的而想進入茶寮的人，並非我們所期望的。

申請資格。不僅限於日本料理，對於美有興趣的人皆可。繪畫、雕刻、建築、工藝等，對藝術懷抱著愛，一直以來以享受美食爲樂，甚至被大家當成怪人的人；而且，要有十分健康的體魄。

即使只有一人也好，我希望尋得會機敏地考慮到時間、場合、人品及嗜好，以臨機應變的方式製作料理，而且理解美味，能以名廚身分留名後世的廚師。亦或可說，我想教育擁有如此素質的人。不問年齡，也不拘經歷。以上便是招募擁有豐厚天資、努力不撓的人擔任茶寮廚師的條件，有興趣的人，請附上履歷表，向茶寮的人事部門申請。

注：這篇是我在經營星岡茶寮時，在其刊物《星岡》上所刊載的招聘廣告。由於能看出我對料理的態度以及想法，因此將原文再次收錄於本書。

狂言《美食極樂》

狂言『食道楽』

登場人物

大名*[20]

眼

鼻

嘴

手

心

耳

大名：「吾乃這附近之大名，今日來到此地。平日享盡美食，年歲已一百。各位瞧瞧，營養皆足，肌膚滑嫩，心臟也正是強壯得很。人們何嘗不羨慕啊。所謂老當益壯，應是如此。哈哈哈哈哈。

20 日本封建時代對領主的稱呼。

現在正吃完飯了，那麼，來休息一下吧。唉呀唉呀，怎睏起來了。正是諺語所說之吃飯八分飽，今天也控制在八分飽了，但仍是睏哪，究竟怎麼了。唉呀呀，眼睛睜不開啦，呼—哈，呼—哈。」

舞台轉暗

眼：「我是眼。」

鼻：「鼻子在此登場。」

嘴：「在下是嘴。」

耳：「我是耳。」

胃：「我是胃。」

手：「俺乃手也。」

心：「心在此登場。」

眼：「趁此時，我們的大名正在打盹。」

鼻：「我們趁這片刻偷溜出來了。」

嘴：「那麼，咱們是否清閒地在此談天哪？」

耳：「那就圍成一圈，大家坐下吧！」

一同：「遵命、遵命！」
胃：「是這樣的，咱們大名如此長壽，不正是值得欣喜之事嗎？」
手：「的確。」
一同：「正是如此！」
心：「我想，這當是平日注意飲食之故。」
鼻：「不正是如此嗎。那麼，爲了慶祝咱們大名有如此長壽之光景，今日我等就來個長壽營養講座，廣爲向世間宣傳，不知各位意下如何？」
眼：「這當不錯。」
耳：「那麼，心，你來主持這場面吧。」
心：「遵命。那麼就讓我坐在正中間吧。」
鼻：「好的好的，咱們大名是何等角色！你就坐中間吧！」
心：「是——。」
鼻：「那麼，咱們大名是眼神銳利、嗅覺靈敏、處事敏捷的人，我就坐在眼睛旁邊吧。」
耳：「好好，你去吧。」
鼻：「是。」
耳：「世間批評咱們大名是輕嘴薄舌之人，嘴，你就到後面避一避吧。」

嘴：「瞧瞧你說些什麼啊。輕嘴薄舌又是怎的，正因著有我，才能飽嘗珍饈美味，故而延年益壽。咱們大名能夠有此等歲數，都是我的功勞。如果沒有我，什麼都不能吃了。所有的食物，都是我在吃的。我才應該坐在上位，怎可讓我坐在後面。爲何耳朵如此盛氣凌人，再說用耳又不能吃。喂喂，這可怎麼論了？」

耳：「你要讓我說，我還眞氣。本不該只讓你如此耀武揚威。讓嘴吃東西，怎有這等規矩……」

嘴：「既然如此，那你說說看，用耳可以吃嗎？搞什麼啊。」

耳：「眞是沒禮貌的傢伙啊。世間常說『理勝於辭』，這道理是說，就算如何用嘴來虛張聲勢，眞理仍在深奧之處。正是不懂世間道理又耍貧嘴，才會有句話叫『禍從口出』，就連我們都被牽連。你最好早點明白。」

嘴：「如此怎的？」

耳：「你就算再怎麼得意、再能虛張聲勢，都是因爲我耳的功勞。你在說話的時候，要不是我在旁邊聽，你還能夠回話嗎……你之後要說話，我都不聽了。」

嘴：「那麼我也都不問了。」

心：「唉呀唉呀，算了算了。再下去心都痛了。嘴啊，稍微謹愼些吧。」

嘴：「那麼要不要用耳吃給你看啊。」

心：「唉呀，那麼強人所難的事……你先等下，有件事我要先問問。喂喂？耳啊，你能不能靜下心傾聽呢？」

耳：「傾聽，本來就是我的天分。」

心：「那麼就先靜下心，好好聽著吧。嘴說，用耳吃吧，但究竟用耳能不能吃呢？」

耳：「的確，就算有任何美食，首先，都是由我這個耳先來吃的。」

鼻：「有趣啊有趣啊，怎麼是用耳在吃的哪？」

一同：「願聞其詳！」

耳：「這有什麼疑惑之處。我就說給各位聽吧。只用嘴吃，這件事我不知道狗、猴、貓是否如此，但人類總是先愉快地用耳來吃才是，如果不用耳來吃，那麼就成了和狗、猴、貓一般了……『這個呢，好好聽著了。這尾鯛魚，可是鳴門來的鯛，而且這個可是……』正是聽了這些，才覺得高興。

首先，先享受聽的樂趣，聽了會更有食慾，還沒吃之前，唾液都流下來了。這種比喻，如何呢？這就是所謂用耳來吃。各位總算瞭解了吧。」

心：「的確如此。對狗說：『你聽聽，這是鳴門來的鯛魚呢。』說了也聽不懂。若是人類，正先是用耳來吃，的確如此啊。」

眼：「請稍等。只是用聽的，就是所謂的用耳吃嗎？如此，我這隻眼也不輸你，也能夠吃了吧。」

心：「唉呀，你說用眼來吃嗎？」

眼：「沒錯，正是如此。」

心：「這麼說來，講個理由讓咱們聽聽吧。」

眼：「行。舉例來說，若將各地名產網羅起來，全部聽聞之後，接著就是用我這個眼來吃了。首先，是料理的配色。鮪魚生魚片加上番茄切片、醋醃血蚶配上番茄醬炒雞肉飯，大紅一片，這不就成了共產黨的店嗎。不僅如此，鹽烤黑鯛魚加上味噌拌田螺、煮茄子加上墨魚，或是在鍋巴上加黑豆、鹹昆布、牡丹餅*21、打個燈籠。一片烏黑，陰氣沉沉，再拿起筷子，不得不說像是要唸佛似的。若要我說，生花枝要加上提味的山葵、浸了湯汁的蔬菜要撒上芝麻，使之不失蔬菜的顏色。首先用眼睛享受，也能引出料理的味道。再說下去，就是選用喜愛的食器了。對料理來說，食器正是料理所穿的和服。

21 日式點心之一，用紅豆泥包裹蒸至軟爛的米。

就算美人如何美，若穿著品味差，再美也無用。無需使用高貴物品，與物品協調，本是穿著和服的道理。若和服與腰帶不協調，亦是不可。美人即使不回眸，僅用腰帶點綴，亦能使人心生戀慕。這便是食器爲料理之和服的原因，容器之選的重要處即在此。

正因如此，我說料理首先用眼來品嘗，這個道理各位意下如何呢？」

心：「唉呀，眼這麼一說，確是有幾分道理。不過你還眞是擅言詞哪。」

眼：「是的，眼神比嘴還會敘事，這是衆所皆知的事情。」

鼻：「且慢且慢、且慢且慢。既是如此，也讓我說說話吧。」

嘴：「又是誰要來湊熱鬧了？喔喔，原來是你啊鼻子。人們總道比起鼻子，還不如選糰子＊22。你還是退下吧。」

鼻：「不過人們也說，能夠嗅出眞相。」

心：「大家安靜、大家安靜，先安靜下來。那麼鼻子，你可有申辯之處？」

鼻：「不，在下並無特地申辯之處，僅想表達數句。若是讓我小言幾句，我就據實以告。這股氣氛實在讓我的嗅覺無法忍耐了。料理是用鼻子吃的。大人，請讓我也稍微說些話吧。」

心：「好的，你就快說吧。」

鼻：「那麼就獻醜了。」

22 此處為諺語「花より団子」，指比起華美的花朵，還不如選擇能果腹的糰子。「花」與「鼻」同音。

首先，各位請聽我說。在聽聞鳴門的鯛魚之前、在親見珍饈的色彩之前，菜餚端上時，最先聞到的當是氣味。盛裝到盤中端出來之前，喔喔，這味道聞起來眞美味。就算尚未見到食物樣貌，唉呀，今天款待的是天婦羅啊、這牛肉聞起來眞好呀，令人懷念哪、眞是香濃的芝麻味啊、白飯煮焦囉。最先被美味吸引、最先注意到菜餚的，是我鼻子哪。還沒吃進食物之前，就有一半的香味先讓我嘗了，我吃剩的才讓眼睛嘗哪。啊哈哈哈。」

嘴：「瞧你說的是什麼，是想說我都吃你剩下來的嗎？人們說視覺影響嗅覺，道理相同，你吃的都是我施捨給你的。你不要太鼻高氣昂了。讓我來把你摺斷吧！」

於是嘴把鼻子捏住。

大名仍然睡著，夢囈著好痛痛痛痛痛，壓住了鼻子。

耳：「唉呀唉呀，不要再爭執下去了。」

鼻：「竟然捏了重要的鼻子，搞什麼。」

眼：「反正鼻子本來就是惹人厭的東西。」

兩人爭辯著。大家不語。

嘴：「再怎麼說，我還是居首位。嘴裡有牙齒還有舌……能辨認甜及酸，能知塵世間的寒冷、人情的溫熱，都是靠我這三寸之舌，靠我的老練。不是如此嗎？大名能夠長壽，都是靠我。」

胃：「不對，等等，且慢。可不讓你這樣說，我這胃袋可是有好好在控制的。就算是再美味的珍饈，都靠我這胃袋容納、消化，這是我的職責。若是狼吞虎嚥、誤食，可是會雞飛狗跳讓人翻白眼的。心臟是激烈跳動，但我可是小心翼翼地容納食物，代理牙齒的工作。大名的長壽，都是我胃袋的功勞。吃下的東西，可不是囫圇吞棗般地通過，會在胃袋這個關口停下來，讓我好好辨識、確認、品評，讓能成爲血的成爲血，維生素、激素、鈣質，就算來任何東西，都得正確無誤地分類。讓大名長壽的世界第一功臣，在於最勤勞的胃，我正是讓人長壽的第一功臣。」

手：「這麼一來，敝人也不得不開口了。要吃東西，就在於我這雙手。」

胃：「唉呀唉呀是手啊。」

一同：「你不能吃啊，你怎麼能吃？」

手：「若是桑名*23 的烤蛤，敝人就用這等方式：用手拿起蛤，這手伸長、捏起，就放入嘴裡了，道理便在此。拿茶碗的是左手，

23 三重縣桑名市，以產蛤聞名。

拿筷子的是右手，

吃茶泡飯則要雙手協力。

若沒有手，要怎麼吃呢？把口靠近茶碗，喀喀喀地咬著吃嗎？也不能把舌頭伸向盤中殘餚、舔著吃吧。那麼就和狗一樣了。就算品嘗任何美食，沒有我這雙手，就成了狗大名了。狗啊狗啊狗大名，哈哈哈哈哈。若要我繼續說，我還有得說。那就是剝橘子皮時的觸感、以及捏起饅頭的樂趣了。若要我用捏的，我可不輸任何人。不是如此嗎？」

眼：「不，說到吃，首先還是要用眼睛。」

耳：「是用耳。」

鼻：「是鼻子吧。」

嘴：「是嘴。」

胃：「是胃。」

手：「是手。」

一同：「是耳、是眼、是鼻……」

心：「安靜吧、安靜吧。只是提了個問題，一個比一個還誇張。沒有誰好、誰不好，各位都有各自重要的擔當任務。既是如此，感知美味並且引起食欲的，就是我這個心。就算用鼻子聞，覺得香，接收到的也是心。

用嘴嘗，覺得甜、酸、美味的，也是心。用手拿茶碗、拿筷子，也是用心來驅使。讓胃消化、讓肚子餓，都是心在運作。若不用心快樂地食用，就算任何美食，都無法成為身體的一部分。就算是山珍海味，若心被失戀的眼淚蒙蔽，手也不會伸向食物，也張不開口。就算張開了，也因胸口悶塞而無法吞下食物。唉呀唉呀，我怎好只稱自己了不起，各位都有自己的重責大任。若缺少任何一個，便無法享受上好美食了。各位請停止爭功，同心協力才是最重要。」

耳：「的確，正是如此！」

一同：「的確如此、的確如此。就是這樣……」

心：「長壽真是可喜可賀，

　以食養生勝於藥，

　魚要活得好，

　蔬菜以新鮮為上，

　名產啊，

（此處開始唱頌各地名產）

可喜可賀、可喜可賀，

千歲鶴、萬歲龜，

舞個萬歲樂，

活著正是這個國家朝代興盛之證。」

大名：「嗚——嗯，嗚——嗯，

啊，睡得眞好，不知爲何，總覺得好像吵吵鬧鬧，究竟是夢還是現實

哪。嗚——嗯，嗚——嗯，現今身體似乎充滿旺盛精力，好像可以和孫

子來場腕力啊。嘿咻、嘿咻、嘿咻。（一面踏步一面離去貌）」

——閉幕——

注：本篇爲時常來訪、與我日常坐臥密切的讀者，將我隨興之言以狂言的方式寫成。

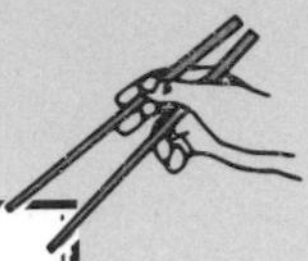

貳—味覺論語

貳—
味覚論語

食器是料理的衣裝

——談我爲何開始創作陶瓷器與漆器等——

食器は料理のキモノ

我想各位大概都知道，我開始接觸料理之後，就像這樣在這裡建了一個窯，自己開始製作陶瓷器以及漆器等等。

爲什麼我會熱中於製作陶瓷器、並且自己動手呢？由旁人看來，可能覺得我只是對事物太狂熱罷了，不過對我來說，這是理所當然的。今天，我想就這個機會說明其中理由。

各位都是料理這行的專家，在優秀專家的面前講述料理，不免對各位失禮，還請諒解。

以我鄙見，做料理，例如生魚片，必須注意刀鋒是否銳利，以及配菜的顏色或形狀等。這麼做唯一的原因，是爲了增添料理的美感，整體來看，讓料理變得更好吃。

像這種料理所尊崇的美感，與繪畫、建築、天然的美，完全相同。無論是美術之美或料理之美，都來自同一個根源，有著同樣的內容。

除了美化料理之外，各位每日所關心的盛裝料理的器物，也需要付諸許多苦心。將料理視作學問的人，勢必也會將食器同樣視爲學問。這是必然的結果。

但在我所見，至今尚未有任何一個值得欣賞的食器。這是因爲料理業者及廚師們對食器的重視不足，才無法有好的食器存在。料理業者或廚師才是眞正從事料理、保管食器的人，如果這些人對食器的重視提升，自然就會有好的食器產生了吧。

「我的料理要用這樣的食器盛裝。這種食器會讓我難得的料理少了生命力！」要有像以前茶料理般對器皿的講究，好的食器才有辦法開始受到重視、自然地因應而生。製作食器的人也必須相應地以高度美感意識來製作出好的食器。

正因如此，若希望能有好的食器誕生，就必須由料理業者及廚師來帶動製陶業者才行。換言之，使用食器的業者的漠不關心，正是使得現今料理食器不振、完全沒有好食器可用的主因。

另一方面，雖然偶有所謂的名食器，但每件都是已故之人的作品。現今，都將這些作爲美術品、骨董品來看待。以現狀來說，若想讓料理從根本上有所進展、做出正統的膳食，使用這些骨董品就成了必要。若不然，除了自己作陶之外，別無他法。

這便是我堅持要製陶的動機。當我好不容易動手作陶後，卻發現怎麼做都不成調，無法做出好的食器。我立刻發覺，必須學習已故之人的名作，才有辦法做出好的作品。即使這些作品已有了傷痕，名作果眞有許多值得學習之處。因此，我只好卯足勁，盡量收藏已故之人的作品，當作範本參考。我到朝鮮、中國研究從前的陶瓷，也是爲了這個原因。這些作品累積起來，便成了這樣一間資料館。也因爲這層意義，我所收集的與一般收藏品不同，每樣都是我製陶時直接拿來參考的作品，是爲了料理之道而收集的。

這個道理不僅限於陶器，繪畫、書法、料理亦然。例如拿刀切魚時，這一刀下去，可讓料理鮮活，也可讓料理死亡。若讓機靈的人來做，透過刀所留下的痕跡，便是一條敏捷的線；若讓俗人來做，則會留下一條庸俗的線。這並不只是生魚片刀利不利或技術好不好的差別，這是「人」的問題。也就是說，若讓品味高的人來做，就會切出一條有品味的線，呈現出有品味的姿態。

書法之類的更能清楚辨識出差異，料理亦然。我總是因此感到痛苦，因爲自己若沒有正統的修養，就算技術如何同工匠般純熟，也無法做出正統的東西。簡而言之，書法、繪畫、陶器、料理皆然，最後呈現出來的，是作者的姿態。無論善或惡，顯現出的是自己。一旦想通了這點，就會變得凡事都無法委任他人了。因爲瞭解眞相之後，就會戒愼恐懼，不敢亂來了。

因此，在我的窯場中，至少掛我名字的作品，徹頭徹尾都是我自己來的。如同各位所見，那樣的大窯，每燒一次就有很多工夫必須進行。適才各位所見的陶瓷，全部都是我製作的。我總被認爲是很怠惰的人，但我這般工作，絕對不是怠惰之人。

言歸正傳。總之，這些都是因爲我在料理之道上醒悟，爲了能夠更美味地吃食所做。

若只是單純要吃，可以像遠古時代人們把食物盛在葉片上吃。但若想得到更高層次，就有必要選擇容器。食器與料理，永遠有著無法分離的密切關係，兩者的關係，可說如同夫妻一般。實際上，古時就有許多範例仍流傳至今。

共同生活一輩子的太太，不管什麼都用現有的東西湊合著用，管它是馬骨還是牛尾。這不只沒有上進心，只能說是娶到惡妻了吧。

因此我特別強調一點，從事料理的人，必須學習食器。更理想的是除了食器之外，還有必要瞭解書畫及建築。這麼一來，日本料理才有正統可言。

現今無論是「瓢亭」＊1、「WARAJIYA」＊2、「八百善」＊3，這些能夠留名後世的餐廳，個個都是先祖的成就。因此，「瓢亭」現今仍遵循著從前的做法，帶給人好感。

這些店家的祖先，每位都是懂得鑑別、見識高的人，因此連子孫也能靠這

1 京都南禪寺附近知名老舗料亭，創業據說在一八三七年。

2 わらじや，京都三十三間堂附近老舗料亭，創業四百年以上。

3 江戶時代江戶最成功的料亭之一，創業於一七一七年，當時位於淺草山谷。

些招牌過得很好。

就算子孫的技術或專注力鈍了，損了些招牌，也還能夠有飯吃。若損了祖先的招牌繼續經營，就算是多厚的招牌，還是有因損去而變薄的一天，無法長壽。但總之，這些餐廳的祖先，都是長久以來積了德，才讓招牌能夠留名後世。

雖然中華料理是世界第一，但中華料理發展得最爲蓬勃是在明代，而不是現今。因爲中國的食器，以明代的最爲美麗、優秀。好的食器也就是料理先進的證據。然而到了清代，技術漸漸退化，品質變差，因此料理也退化了。

如同此例，以長遠的眼光來看，食器質差，表示料理質差；食器質佳的時代，可視爲是料理先進的證據。因此，我們從事料理的人，若眞心想做出好料理，無論如何都需要食器藝術，所以必須督促並教育陶器作家，讓他們不斷創作出美麗的食器。

以現今一般廚師的風潮來看，只是稍微會處理魚，便立刻認爲自己是一流廚師，似乎也無暇顧及其他事了。我們這些認眞思索料理之道的人，深切感到這是不應該的。我也衷心期望能夠讓這些人有所提升。

以上繁雜地說了許多，這些不僅適用於有派頭、高級的餐廳，賣關東煮的店也有屬於賣關東煮的店有趣又有意義的做法。就算只是裝飾玄關，或是灑一瓢水，都必須抱持同樣的精神才行。

注：昭和十年十月一日，我邀請許多東京一流的料理業者到星岡窯資料館進行演講，本篇爲當時的演講重點筆記。

處理殘餚

殘肴の処理

在星岡茶寮時，我見到殘餚心有所感，爲了想促使廚師們一同留意，所以寫了以下內容。

料理端出去之後，客人若有吃剩，我不清楚其他地方是怎麼處理，如果是我，會將這些殘餚分成客人完全沒有碰過的，以及碰過仍剩下許多的；生魚片歸一類、烤魚歸一類，把殘餚全部整理區分好，再思考要如何活用。這件事我從前就常掛在嘴邊，卻因爲很費時，不曾有人嘗試。

從前的廚師，其實許多程度都很低，每次提到要處理殘餚，他們總覺得很小氣，完全不認眞聽。

即使只是一粒米，不使用完全便直接丟掉，實在浪費。餵麻雀、餵魚、做成漿糊，這些巧思都是身爲廚師應該用心的。

說這些話的我，好像很守舊似的。就算只是一碗飯，我也不允許無意義地把它扔掉。既然有用途，就要發揮其全部的用處，這是天命。

昨夜，有客人很晚才來，當然也留下了殘餚。今早我稍微看了看垃圾堆積處，見到堀川牛蒡及其他東西就這樣完整地被丟棄了。這些都是苦心烹調的高級蔬菜。比大部分的魚還要更珍貴、值得珍惜的京都牛蒡，就這樣被丟掉了。侍女當中如果有小心謹慎的人，就不會發生這種事了。廚師就算再年輕，也不應該在這種事上迷糊。

堀川牛蒡吃起來很是雅致，而且特別的是不會在口中留下殘渣。外表不是會引起外行人喜歡的美麗樣貌，因此有些客人並不知道它有多美味而不想嘗試吧。雖然已經被端上客桌又退了回來，但我希望不要將這些完全沒被碰過的食物直接丟棄，而是能抱著享受食物的心情好好品嘗。

殘餚當中，有些被破壞得令人不忍目睹。然而，若是客人多、店內繁忙時，完全沒被碰過的食物殘餚更是多。

如果廚師有心，就算只是一片牛蒡，也會思考要好好處理，把它變爲完全不同的美味。讓那些把菜餚完全丟棄、不知什麼叫做美味的傢伙們狼吞虎嚥地大吃，簡直是再浪費不過的事了。就算只是一副馬頭魚的骨頭，也可以餵狗吃，剩飯也能拿去乾燥做成乾飯之類的，方法無所不有吧。

廚師花心思做出來的東西，如果實在吃不下或是不敢嘗試，就應該隨機應變，再一次活用這些食物，拿來當成自己的味覺研究試吃看看。以經濟效益來說無庸至疑，而且廚師本是靠料理維生的人，以好的材料細心調味出來的食物，因爲客人吃不下而原封不動被端回來，這時候就必須再次活用這些食物，用這些同事所做的料理當作試吃研究。如果連這份興趣都沒有，就失去被稱爲廚師的資格了。與其作爲一位靠料理得到少許金錢來維生的廚師，還不如做個一心對料理抱持興趣的人，不是比較幸福嗎？

店裡若不忙，就不會出現殘餚。當忙到出現殘餚時，廚師們已精疲力竭，很容易將整理殘餚視爲辛苦的義務。但我希望各位能抱持著一股單純的毅力，把活用殘餚視爲必要。正因爲是自己喜愛的道路，所以才如此重要。如果打從心底喜愛料理，必定能運用明智及良心來實踐這件事。

可能我對活用殘餚略爲擅長吧，所以有點嘮叨。各位之中，也有擁有家庭的人，殘餚當中的炸物，就算只是兩、三片蝦虎，若帶回家，家人不知會有多開心。如果有大尾的照燒馬頭魚之類，帶回去和菜葉及豆腐一起煮，也是讓一家歡樂的方式。

如果各位瞭解了，希望平時能指派一個負責處理殘餚的人，認眞思考如何活用剩下的食材。只要東西還有功用，就必須盡量發揮，讓它的效用有效率地留在這個世上。不只是廚師，面對人生，每個人都必須有此警惕才對。而且藉由這些事情，也會有料理的新發明或新發現。

美味論語

——難吃的東西無論如何都不會變得美味——

「請告訴我，要如何把難吃的東西變得美味？」我常被如此問道。不過，把難吃的東西變美味……這種祕訣絕對不存在，也沒有這種魔術吧。不美味的米，絕對不會好吃，肉、魚、菜類亦然，這是無法改變的。不過有種能讓東西變得似乎很美味的欺瞞方法，那是虛僞的美味，不是原本的美味。因此我只能回答，有用欺騙來唬小孩的方法。

各位可能認爲從事料理的人也許會有辦法，但實際上，這是完全不可能的吧。就算是再厲害的料理名人，都不可能「把難吃的東西變得美味」。就算勉強下工夫，也是浪費金錢及勞力，只能以徒勞無功告終。

料理原本的效果，大部分在於食材品質的價値，廚師的功勞大槪只有一成、二成、三成左右。本質的原味是好或壞，並非人類力量所能改變。例如，不好吃的牛肉不可能做出美味的西餐，同樣的，想把不好吃的白蘿蔔做成好吃的白蘿蔔，也是不可能的。不過這樣簡單的事實，很意外地，一般人都不太瞭解。這世間還眞奇怪。這是廚師必須瞭解的基本知識，因此請各位一定要繼續讀下去。

想把硬牛肉變軟或把硬章魚變軟，這是可能的，但這樣做不一定會變得好吃。美味的食物，本質就是美味的；難吃的食物，怎麼也不會好吃。廚師爲了做生意，只能利用行惡的智慧欺瞞幼稚的人，把難吃的東西裝成很美味的樣子，或把品質不好的裝成品質好的樣子，但無法改變食物的本質。

無論任何事都有類似的情況，因此必須瞭解問題的根本。同樣是白蘿蔔，有人會說：「那位廚師煮的比較好吃。」這是因爲他用的白蘿蔔原本就好吃，這份美味，絕對不是廚師所製作出來的。品質好、不需要任何加工就很好吃的東西，常因爲廚師不依方法來做，把東西變得難吃了。但若想把難吃的東西，變成品質美味的東西，這是連神明都做不到的吧。因此，無論如何希望各位都能瞭解這一點，若不，就會一輩子爲了選擇好食材而困惑。不，甚至可能變得連品質好壞都不在意了。

夜談鮟鱇

鮟鱇一夕話

我與獅子文六*4 先生的對談，被熱海的F女士大肆抨擊：「美國的麵包根本沒什麼好談的，只是魚飼料而已吧。」但她對味覺的見地的確令人佩服，能夠如此把問題釐淸的麵包達人可不常見。「我家老爺（指先生）最喜歡加了很多洋蔥和肉的蛋包飯了！」由她這些將他人視爲鄉下人的發言等等來看，這位女士的確無法令人小覷。

不過，我從幼年時期起，七十年間的漫長時光中，不斷研究日本料理，因此和一般人多少有些相異之處。我憑著這份自傲，讀了這位女士的隨筆，探尋她的日本料理觀，只覺得那簡直是外國人所書寫的日本料理觀。不過，她在記憶最盛的時期，有十三年都不在日本，這樣的人寫的內容，當然也沒什麼好勉強的。即便如此，以這樣淺薄的經驗，她還可以大無畏地提筆書寫。日本的所有事物，原本就不簡單，特別是美術及料理，可說是最難理解的。面對這樣困難的學問，能夠非常輕易地抓住重點訴說並下結論，也證明了這位女士的聰明吧。要是她能夠一改急性、冷靜地累積經驗，也許會在飲食圈成爲令人畏懼的

4 一八九三至一九六九年，日本小說家、導演。

角色。不過，像熱海的鱷魚事件，可說是智者千慮必有一失，看來F女士這回是失策了。

F女士從鱷魚店K處得到假鮟鱇魚的事件，看得出她完全是外行人，對鮟鱇魚毫不瞭解又缺乏經驗，才會發生這麼荒謬的事。實在太有趣了，我因爲她的這份天眞，一時笑得停不下來。

送假鮟鱇魚的K，其實送的是鱷魚，因爲F女士不在，他放了便離開。K打算用一小片鱷魚肉來欺騙她，開她玩笑，結果她也上勾了，實在太有趣了。「所謂近朱者赤、近墨者黑」，便是如此。

我不知道鱷魚如何，但鮟鱇這種魚，拿來做火鍋料理，實在非常美味。富有脂肪、膠質，是非常好吃的食物。雖然是常見的魚，但在火鍋料理中算是風味奇特，無論高級或下級階層，都喜愛品嘗。而且除了骨頭以外，每個部位都能吃，肉以外的其他部位都很好吃。以這點看來，鮟鱇魚很難得地具備雅俗共賞的特性，且味道和外表都幽默極了，是十分親民的一種魚。

不過，問題就在於白色的鮟鱇肉。鮟鱇肉也不是不能吃，而且一般也會拿來食用，並不會丟棄，但沒有人會爲了鮟鱇肉趨之若鶩，更沒有人是只喜歡吃鮟鱇肉的。以我來說，我甚至會事先對魚店表示我不要肉，但其他的部位全部都要。其他的部位指的是把鮟鱇魚吊著切下來的皮、鰭、內臟，特別是肝。因此，應該沒有人是爲了吃肉而買鮟鱇魚的吧。雖不知道K是否將鱷魚肉塊稱作鮟鱇魚而送給F女士，但我想這不是問題重點。

如果把鱷魚肉當成鮟鱇肉送給內行人，就不會發生這種笑話了。即使覺得看起來有點怪，卻還拿來料理，這也太外行了。如果她對鮟鱇魚料理有些許認知，就應該會打電話給K，罵上一聲「笨蛋」才是。絕對會追問對方：「皮呢？肝、鰭、內臟呢？」責罵他：「K啊，你也太笨了吧。懂得吃鮟鱇魚的人是從來不吃鮟鱇肉的呢。」不應該還猶豫不決：「這到底是不是鮟鱇魚呢……」

過去的事，就讓它過去了。更重要的是希望各位能夠從瞭解身旁的日本料理開始，我保證各位會喜歡的。首先，是否願意嘗嘗我做的鮟鱇魚料理呢？雖然離冬天來臨還有些時間呢。

關於家庭料理

家庭料理の話

一般人似乎對於善用自己身邊有價值又好吃的東西這件事不太在意。原因也許就在於無法跳脫卑微的陋習，比起盛產的秋刀魚，大家更想吃不合時宜的鯛魚。

有道是：「即便腐壞了也是鯛。」＊5 這句話若不經意地只當作諺語來聽，還算有趣，但對從事料理的人來說，實在會造成很大的困擾及傷害。

此外我想特別提出，若認爲只要是廚師做的，全都是好料理。這種輕率的想法非常欠缺思考。

再怎麼說，廚師也不是以享受美食爲樂的人，並非每個都是名人，也不全是因爲非常喜愛料理才當廚師的。職人當中，也沒有所謂的味覺天才。我觀察了多數的廚師，有許多人什麼也不是，因此他們與料理之道的「道」字扯不上任何關係，都是很胡來的。就算有想法，程度也很低落，談不上什麼。沒有正確的責任感，不會運用敏銳的五官。

最重要的是，他們不會花錢瞭解享受料理的樂趣或美食的樂趣，也因此，

5 意指原本有價值的東西，即使毀損了也不失其價值。

他們不曾坐在和室中，背對著壁龕，花大錢享受美食，也不具備若非美食則不入口的見識。

正因此，他們做不出合於道理的料理也是理所當然的。身爲一家之主及主婦，必須對這點了然於心，不可高估了廚師。

若太一味地倚賴職業廚師，將不見料理的長進。希望各位能在料理之道上有所覺醒，思量適合個人的營養食物，以吃食來得到眞正的健康，直到擁有自己的見識，不再受世人嘲笑。

我所尊敬的友人大村醫師曾經告訴我，大倉喜八郎*6 先生家中有位年長侍女，做的料理非常好吃，大倉先生本人也很自豪，來訪的客人們也評價很好。好奇的我想測試看看對方究竟是怎樣的天才，因此在大村先生的引薦下到大倉先生家中接受了一次招待。

不過，我卻很失望，因爲全是不怎麼樣的餐廳所做出來的料理，例如鯛魚生魚片之類的，以及其他各式各樣的料理。簡而言之，都是一些從平常進出的餐廳學來的料理罷了。

既然如此，爲什麼如此受到好評呢？也許是因爲大倉先生的自豪吧，或是大家對大倉先生的恭維，或者只是佩服她一個外行人竟也能模仿專業廚師做出這些料理。

6 一八三七至一九二八年，企業家，大倉財閥設立者。

這樣的料理，自己的妻子都做不出來了，更何況是侍女，簡直跟餐廳做的一樣好吃嘛。這種程度的恭維，讓這位年長侍女名聲漸廣，「她做的料理很好吃」也就成了傳聞。

原來如此，大家都覺得因爲她做了外行人做不來的事，稍微一想，還眞是擅於料理。不過，如果大家對這種程度就感到滿足，對料理沒有更多的想法，終究無法對料理之道有所覺醒吧。

大倉先生所自豪的、這種程度的料理，在一流餐廳的廚房待上五年的廚師，大概都能做到。終究只是矯飾而已，沒什麼了不起的。

若仔細觀察，便會發現這位年長侍女所做的也不是什麼有一流見識才做得了的工作，她的料理，原本就不是眞正值得讚賞的東西。

這是因爲「外行的老婆婆」這件事造成了盲點。我前面也提過了，大倉先生可能自認爲是美食家，因此常會請各地方的廚師來家中做料理吧。老婆婆看了這些人的料理並加以模仿，曾幾何時，就把這些都記下來了。事實不過是如此而已。

我這番話，各位聽了可能會覺得刺耳，但我想表達的是，這種模仿來的料理，作爲華麗的宴客料理或許還能發揮作用，不過這些料理不僅和日常家庭料理無關，還會漸漸帶來諸多弊害。

平常的餐食不是宴會上經過裝飾的食物，不應該是膚淺的仿冒品，而必須是注入靈魂的料理、是以滿心熱情所做的料理、是創造「人」的料理才行。

料理也是藝術。我不斷提及這件事的理由，其實就在此。

良寬曾說過，廚師的料理、書法家的字、詩人的詩歌都不令人中意。不管是廚師做料理時忘了自己的刀工，或是書法家連顏色都忘了，只用單一墨色書寫，這都能歸因於同一件事。而人類的所有價值，都是從這裡展現的。簡而言之，就是「人」這件事。

換個說法，日常料理必須是不時從自己周邊選擇新的食材，以滿腔眞心來製作才行。

關於這一點，無論任何事都一樣。例如，近來市場出現許多南極海的鯨魚培根。對不習慣的人來說，會覺得很腥臭、難吃，甚至厭惡。但我從前就知道鯨魚的美味，因此非常喜歡，把它加入味噌湯裡，每天品嘗，完全不覺膩。而且一百錢*7 才六十圓左右，實在是罕見的廉價，便宜又味美。近來沒有比這更好的事了吧。

總而言之，人們常因爲不瞭解食材的處理方式及料理方法，所以才會入寶山空手而回，眞是很大的損失。

這也可說是平常對於食的教養不足才造成的吧。

7 約三百七十五公克。

參—老饕閒談

參—

食通閑談

吃香魚的時代

鮎の試食時代

香魚的美味，對於對味覺有憧憬、卻又無法自由大啖美食的貧窮書生來說，是永遠的夢想。我年輕時也不例外，打從心底想吃香魚，甚至還會夢到吃香魚。

這個夢想，大約是在我二十四、五歲左右實現的吧。當然，在這之前也不是完全沒吃過香魚，不過，懷抱著熱情嘗試香魚的美味，而吃了能讓香魚達人滿意的上等香魚，當時還是第一次。當時我看中的是日光大谷川*1 的香魚，可能我不經意間曾聽說大谷川的香魚很美味吧。我抱著僅有的一點錢，特地到日光去。

當時的價格，我記得一隻要五、六十錢左右。我吃了兩隻。香魚不僅新鮮，顏色豔麗，容姿優美，似乎的確是上等貨。不過，若要說實話，我真心覺得雖然大家都說香魚很美味，但真的有那麼好吃嗎？對當時一介青年的我的味覺來說，實在無法徹底理解。自從那時起，香魚的滋味，成了我愈來愈認真的一門課題。

其後，過了一陣子，讓我吃到覺得美味的香魚，是在京都的保津川畔。度過洛西*2 嵐山的渡月橋，從山腳往上走七、八百公尺後，便是嵐山溫泉。在那裡吃到的香魚，才讓我恍然大悟。實在美味極了。我不太記得是什麼時候的事

1 位於栃木縣日光市。
2 廣義指京都市西側郊外。

了，但應該是景氣的最盛期吧。這裡的香魚，聽說通常一隻要五圓。

住在今出川堀川*3北側、以織物聞名的某名家主人從前曾向我說過：「在京都如果想吃香魚，一般只要兩圓就能吃到很不錯的了。不過到了嵐山，沒有五圓是吃不到的。雖然京都很大，但會特地到嵐山吃五圓香魚的，我想沒有這種京都人吧。」

聽到他如此自豪，當時的我還沒有能夠自由滿足食慾的財力，因此雖然心中羨慕那一定很美味，不過在味覺能徹底瞭解香魚前，我是不會去吃的，只是一味地憧憬而已。

不過，在我三十歲左右回到京都時，總算達成了一直以來的願望。一方面算是碰上吃香魚的時機，加上接受了前輩內貴清兵衛*4好幾十回的招待，吃遍了各地，有時一天之內還享用了兩、三次。

在京都，例如宇治的「菊屋」、山端的「平八」、嵯峨的「三軒茶屋」等，有許多可以吃出香魚美味的地方。我一間間地吃遍了這些店，總算能夠打從心底在舌尖品嘗香魚滋味了。

3 指京都市區今出川通與堀川通交叉口附近。
4 一八七八至一九五五年，企業家、文化人，為魯山人的資助者。

香魚名地

鮎の名所

如何享用美味的香魚，和香魚的成長及鮮度有很大關係。以京阪或東京來說，七月份的香魚最好吃，其他地方則有早有晚。帶子之前、體型最大的最好，帶子後可以說是第二好吃的。有些人喜歡外表漂亮的，但這是外行人的判斷方法。在東京有許多人品嘗香魚，因此魚河岸有太多日本全國各地送來的香魚了。但要在東京吃到美味的香魚，根本就不可能，多說也無益。香魚的滋味，是溪流中的激流所造成的珍品，必須盡快食用才行。岐阜縣的香魚很有名，但對我來說不算是香魚之中最好的，更遑論東京的有多麼差了。

京都保津川的香魚也不錯，但在當地生長的才是上品。最好不要期望在東京吃到美味的香魚。多摩川有些地方也有香魚，但可能河川並不適合生長，因此完全不行，我不曾吃過多摩川產的美味香魚。香魚的好壞，與氣候及河川水流有很大的關係。日光大谷川產的雖然好吃，但必須當場吃，帶到東京就不行了，完全不好吃。我從前就捨棄在東京吃到美味香魚的慾望了。

丹波和知川*5 的香魚最好，這裡是嵐山保津川的上游，龜岡的分水嶺正好

5　「由良川」於京都府船井郡和知町附近稱「和知川」。

向北方低落，水流激烈，使得香魚體型也好、肉也結實、香味也佳。我至今爲止沒有吃過比這更好的。若能將和知川的香魚保持鮮活地運到京都大阪，當天享用很是美味，但兩、三天後，脂肪就會流失，就算魚仍活著，烤過之後會發現沒有內臟，中間呈空洞狀。因爲香魚的內臟幾乎是由脂肪構成，養在水槽中三天，脂肪就會幾乎流失殆盡。少了最值得品嘗的內臟，香魚就失去價值了。

各地人們都以香魚自豪，這是因爲能夠將剛捕獲的拿來品嘗，因此最終還是在當地吃的最美味。而且都是體型小的爲佳。

岐阜縣也頗以香魚自豪，但這裡的水流不急，因此魚肉軟爛不結實，很難稱上是高級品。似乎只要水流急，肉就結實。岐阜的鸕鷀捕魚表演*6 很有名，但若是要做成料理讓人享用，實在端不上桌。漁民今後應該考慮趁魚還新鮮的時候便讓觀衆當場食用，這麼一來，岐阜人也有談論香魚的資格了。各地居民都說自己土地的香魚好，或是松茸好、竹筍好之類的，老王賣瓜，這是因爲在這片土地上品嘗當地最新鮮的食材，所以才美味。若吃的是從遠方送來的東西，沒有理由會好吃。大抵各地居民會侷限於自己地方出產的食材，理由就在此了。

不過，地方上的居民不如都市人，不會有過各種經驗，因此容易敝帚自珍。無論是香魚或松茸，必須有各種經驗之後才能稱好，若非如此，便無法理解食材的眞正價值。如同井底之蛙，世界僅有那麼大，無論過多久，都看不清事物

6 傳統捕魚法，漁民讓鸕鷀鑽入水中捕捉香魚。

的眞正面貌。

舉例來說，土佐*7的炙燒鰹魚片可說是最有名的，但實際上卻沒什麼了不起。土佐是面海的國度，料理並不發達，許多人都不瞭解美味爲何物。因此對這片土地上的人來說，炙燒鰹魚片便是世上無法被取代的美味。

如同上述，無論面對任何事物，若視野狹隘，就會造成這種現象。城市中半吊子的專家們，也不確認內容便下定論，大張旗鼓地宣揚土佐的炙燒鰹魚片，眞令人感到爲難。我只能說，實際上並非那麼美味，就我看來，反而覺得這種料理方式難以食用。問題便又回到井底之蛙的盲點上了。

7 指四國高知縣。

小香魚

若鮎について

小的香魚，有人覺得不怎麼好吃，但我不完全這麼認爲。

小田原*8 的前方有一條稱「酒匂川」的河川。在香魚禁捕期間，附近的人就會到川裡去偸捕香魚。我曾收過偸捕來的香魚，吃過好幾次。大小大概只有一寸長，稍微炙烤一下，實在是會讓人上癮的美味。

最初傳到東京的，是江州*9 地方的糖煮香魚，實在稱不上什麼美味。香魚是很不可思議的魚，不在水勢強的地方是不會長大的。同樣的水勢，也可能因爲水質或食物的關係，每條河川的香魚成長速率也不同。一般來說，大河川的香魚長得大，小河川的香魚長得小。

琵琶湖的香魚非常小，即使過了一年，也不過是幼魚那麼大。雖然長不大，卻會產卵。從前，一般都以爲琵琶湖的香魚與其他地方的香魚不同種類，但其實在琵琶湖誕生的幼小香魚若從江州游過石山等地來到了宇治川，則能長得比較大。可能因此人們都知道琵琶湖孵化的香魚稚苗若放到其他地方的溪流，就能長得跟一般的香魚一樣大，所以近來許多地方都很盛行放養琵琶湖的香魚稚苗。

8 現今神奈川縣小田原市。

9 指現今滋賀縣一帶。

在琵琶湖一帶，將煮過的小香魚稱作「HIUO」＊10。大尾的「HIUO」會被做成糖煮香魚，在琵琶湖一帶很多。這些香魚近來都被放流到各地的大河川中，使得全國的香魚產量因而增加。這對嗜吃香魚的人來說，還眞是值得感謝。

不過前述的琵琶湖產的「HIUO」實在很小，看起來眞是不美味。但這些「HIUO」若到了其它河川成長，將會具備香魚品質優良的滋味，實在好吃。這和前述酒勾川的小香魚等一併來看，以小香魚來說，琵琶湖的「HIUO」沒有香魚該有的美味，但一開始就在河川中成長的香魚，即使長得只有一寸大，也已擁有了不起的美食價值。也就是說，這些香魚擁有了每條河川獨有的滋味。

10 日文原寫作「ヒウオ」，指香魚幼苗，為當地特有的稱呼。

香魚就是要吃內臟

鮎はらわた

香魚的美味若用大小來判斷，大概從約一寸五分到四、五寸左右的最佳。若養得太大，首先會失去香氣，味道一般，不好吃。若開始懷卵，養分便會被卵奪去，不只失了香氣，肉還會變得粗糙，成了低級品。

要說香魚最好吃的部位，便是內臟了。當然，必須要是新鮮的才行。頭部雖然也有特殊味道，但若長到四、五寸大，咬下去無法隨心所欲地連骨頭一起食用，因此很多人不吃（其實老饕會先從頭開始吃，品嘗之後再將殘渣吐出來）。此外，尾部、有排泄口的後半部也不好吃，喜愛香魚的人不放在眼裡。所以說，把頭及尾去掉，中間部分就是最美味的了。

香魚背部的前半部，特別是愈靠近頭部的地方，有許多脂肪。而脂肪的下面就是內臟，脂肪與腸兩者兼具的這個部位最美味。

當然，若不是活香魚，就無法堪稱美味，但就算想辦法讓香魚活下來，也很難說就一定會好吃。正如同香魚被稱之爲「年魚」，在一年之間，就能從小魚長到七、八寸大，成長力十分旺盛。

不過只要一天沒有進食，香魚就會突然瘦下來。若把香魚放在沒有食物的水中，就算用人工方式加強水勢，讓牠們活下來，只要一、兩天，香魚本身的脂肪就會消耗殆盡。脂肪最多、最重要的內臟，就這樣沒了。

我曾經在東京有過這樣的經驗。

日本橋山城屋只販賣最高級的食品，而我曾一口吃掉整尾山城屋老闆所自豪的生香魚。不過，香魚的肚子當中卻空空如也。唉呀，這尾香魚怎麼了？沒有內臟啊！不可能有少了內臟的香魚吧，會不會掉到盤子下面了？我四處看了看，卻沒找到。那麼就是已經被我吃掉囉？我嚼了又嚼，卻沒有腸子的味道，吃起來完全沒有像腸子的東西。我愈想愈奇怪，非常小心地吃掉剩的另一尾，結果還是沒有內臟，中間完全是空的。當時我才瞭解，原來以人工方式用自來水讓香魚活下來，內臟就會幾乎消失不見。

仔細想想也不是無法理解。短時間內迅速成長的香魚，一旦在空有強勁水勢、卻沒有食物的水當中不斷游動，當然不可能讓內臟持續保有豐富的脂肪了。因此，必須到那些在自然河川當中設置活水魚槽的餐廳，這些養在魚槽裡、只活了一天左右的香魚，吃起來才算上等。

最近，在東京也吃得到活香魚了，不過卻無法嘗到眞正的香魚滋味。在東京吃這些活香魚，姑且只能算是吃氣氛的吧。

吃香魚的方法

鮎の食い方

由於種種因素，一般家庭都無法將香魚料理得好吃。首先，將三、四寸左右的香魚拿來鹽烤食用，才是道地的做法。不過，取得活香魚或新鮮香魚，對一般家庭來說是不可能的。在地方上，可能有些家庭能做到，但在東京可以說是絕對不可能。東京的狀況就是如此。就算取得活香魚，要順利將香魚串起來拿去烤，對外行人來說也辦不到。

一般人對香魚的印象，認爲只要離開水就會立刻死亡，是很脆弱的魚。但事實上，就算把香魚放在砧板上、把頭砍了，都還是活蹦亂跳的，是很有活力又潑辣的魚。不僅如此，活香魚又黏又滑的，就算只是想抓起來串在竹串上，也不是外行人能夠輕易辦到的，更別說想要把魚烤得漂漂亮亮了。

當然，一般家庭所用的黑炭並無法把香魚烤得好吃，只會把尾鰭烤焦，或是烤成全黑，破壞了香魚難得的美麗姿態。就像是把絕世美人弄成不忍目睹的醜婦一般，太過索然無味。

正因如此，在一般家庭中無法烤香魚，一點都不是可恥的事。必須把烤香魚視爲一件非常重要的工作，因爲把香魚整尾烤熟，且外表看起來美味、有光澤，這對品嘗香魚的人來說，不但外表完美，光用看的就能想像牠的美味。因此只能倚賴一流餐廳的技術才行。

無論如何，味覺與形狀的美感息息相關，以香魚來說，形態之美更必須注重。

香魚是容姿端正秀麗的魚。當然，依產地不同，多少還是有美醜之分。容姿愈美、愈閃耀著光輝的香魚，味道愈是上等。因此燒烤時的技術好壞，對嗜食香魚者，可說是決定性的因素。

若想吃得美味香魚，除了到產地、在最一流的地方享用以外，別無他法。最理想的，就屬當場釣了便烤來吃吧。

香魚一般會用鹽烤的方式來食用，上等的香魚若做成冷鮮魚片，也十分美味。

我還是小孩時曾住在京都，某天，魚店的人帶了許多香魚頭及魚骨來，也就是將香魚肉取下之後所剩的魚骸。小魚的魚骸還眞是怪，不過再怎麼說也是香魚，烤了之後拿來煮高湯，或是和烤豆腐之類的一同烹煮，一定很好吃。

但身爲孩童的我充滿好奇，因此詢問對方爲什麼會有這麼多魚骸。魚店的人告訴我，這是做完京都三井家訂的香魚的冷鮮片之後剩的魚骸。

我很驚訝原來有人那麼奢侈啊，並且還感到佩服。從此以後，我便知道香魚還有做成冷鮮魚片這種吃法。不過在那之後，我一直是個貧窮書生，無法如此奢侈，因此沒有機會嘗試。在距離現今大概五十年前吧，我總算有了大啖香魚冷鮮魚片的機會了。那是我在加賀山中溫泉＊11時的事了。

在山中溫泉的郊區有一座名字風雅的橋，叫做「蟋蟀橋」，橋邊有一間叫做「增喜樓」的餐廳。這裡經常提供像是香魚、石頭公、岩魚等這些在深山幽谷才有的魚類，而且很便宜。在荒郊野外的山中溫泉，沒有什麼可吃的，若想吃飯，也只能到這裡來了。

因此，我常與人一同到「增喜樓」吃飯。某次，在這裡要吃溪魚的時候，突然想起小時候聽聞的冷鮮魚片吃法。因爲當時香魚很便宜，我立刻點了香魚冷鮮魚片來嘗嘗。眞是驚人啊！太美味了。難怪三井家會點來吃，的確能夠理解。

由於這般美味，我當時吃了不少。之後每次有人來訪，我便帶對方到「增喜樓」，點上香魚冷鮮魚片來招待對方。不過習慣這種東西很有趣，大多數的人都無法簡單下嚥，會擔心地追問「魚頭怎麼了？骨頭丟掉了嗎？」之類的。當時以京都的物價來說，一尾香魚大概兩圓，但在這裡只要三十錢就能吃到了。如果做成冷鮮魚片，一人份要一圓以上。大家都覺得把香魚拿來這樣吃好像很浪費，總認爲不太妥當，就算知道好吃，也很難提起勇氣。

11　位於石川縣加賀市的溫泉。

不過，只要碰上天時地利，我現在還是會吃香魚冷鮮魚片。我甚至從香魚冷鮮魚片得到靈感，之後還想出了岩魚冷鮮魚片的吃法。

大約五、六寸大的岩魚，若做成冷鮮魚片，美味程度可不輸香魚。

香魚還有其他處理方式，例如在岐阜縣會拿來煮粥、加賀地方會拿來包在葛葉或是放入竹筒中烤。但這些都是無法做成正統鹽燒時的處理方式，是原始的食用方法，雖然都很不錯，但都不能說是最好的。在東京，有人會特地模仿這些方法並以此自滿。這些人只不過是把香魚拿來玩把戲，也就是只要有裝模作樣的料理便能滿足的傢伙吧。

香魚還是應該做成普通的鹽烤，烤得熱熱的，讓人一不留神就會燙傷。一口咬下，這種香味才是頂級。

弦齋的香魚

弦斎の鮎

每年春天到夏秋，從以前就被稱爲是香魚的季節。

雖然對我的味覺來說，不認爲香魚有如世間吵得沸沸揚揚般美味，但的確擁有無法言喻的高貴魅力，令人欣喜。在河魚當中，無庸置疑的，香魚的美味稱得上屈指可數，而且姿態優美。再怎麼說，從四月起，香魚足以登上冠軍寶座的其中一項理由，是因爲這個季節沒有任何能夠與之匹敵、精練且滋味好的魚吧。身爲河魚卻沒有腥味，這也是香魚今日仍富盛名的第二項理由吧。至於香魚的香氣，現今再談似乎過於庸俗，不過這的確是支撐香魚盛名的很大助力。

不僅是香魚，許多奪得美味之名的食物，很意外地世人大多不懂辨識其好壞，連帶地也不瞭解正統的食用方法。對美味美食不感興趣也不關心的人也就算了，但那些被稱作美食家或是老饕、毫不隱諱地寫書發表的人，卻往往也是如此，實在令人不安。

例如，《食道樂》作者村井弦齋提到香魚時，就有這樣的錯誤：「東京人注重外表而且奢侈，所以喜歡把香魚的內臟除去才食用。」這就是問題了。東京人因爲注意外表且奢侈，所以把內臟除去才食用，這件事本身就是個很大的錯誤。而且提到東京人注意外表這件事，在此不過是多餘。

我雖然不淸楚村井弦齋是不是東京人，但總之，這顯示出他完全不瞭解香魚。香魚若除去了內臟，就只是冠上香魚之名罷了，根本欠缺了最重要的香氣及味道，完全不值得稱爲美味的香魚了。

這不過是因爲當時沒有快速的運輸工具，因此不可能將帶著內臟的香魚送到東京。但寫下這種言論的弦齋，只暴露了自己的味覺有多麼幼稚。現今許多被稱爲老饕的人當中，就有不少這類人，只要讀了他們的書就能一目瞭然。一般說來，這些人的著作都只是從字典上轉錄，或從他人的文章拼貼而成，透過作者自己的舌尖品嘗後寫成的文章，少之又少。

話雖如此，多數外行人卻無法分辨。其中甚至還有人對自己完全沒吃過的食物還能描述味道。有些人會將這類著作內容當作眞正的體驗談，把聽來的當作知識，而且到了某天，還把這些虛僞的內容轉述給他人。這就是世道。

假香魚

インチキ鮎

上一篇提到村井弦齋寫了香魚缺少內臟的愚論，可見香魚雖然名聲極高，但一般吃到的都不見得正統。以下我想談談這些「假」香魚。

從前在東京吃不到活香魚。別說是活香魚了，吃得到的全是沒有內臟的香魚。換個角度，可以說從前東京人所吃的，都是假香魚。

京都由於受地形之惠，自從前開始，所謂的餐廳，每間都有活香魚可供食用。不只是餐廳，魚店甚至還會四處兜售活香魚給一般人家。

在我小時候那個年代，魚販常會到嵯峨桂川一帶抓香魚，再一路擔著在木桶裡啪搭啪搭上下躍動的香魚來賣。啪搭啪搭地在水面上下躍動可以讓香魚保持呼吸，如果做得不順，香魚會立刻死亡。這是香魚商人的特殊技巧。

因此，我曾經從京都擔著裝有香魚的桶子坐電車，讓魚在電車中也能啪搭啪搭地保持呼吸，當然，每站還都會換水。現在回想起來，還眞是費了好大工夫才把魚運到東京。那不過是二十五、六年前的事。

但不管怎麼做，香魚還是無法靠這番工夫活太久。就算是在河川中設置活魚水槽飼養，味道也會降了兩成。雖然也不是無法拿來吃，卻已經不好吃了。不只不好吃，就算做成鹽烤，也失去了光澤，看起來不鮮活，無法成爲好料理。所以餐廳會把這些香魚塗上醬汁，做成照燒口味。不過這樣是無法直接端給客人的，因此他們會和鹽烤的新鮮香魚一同上桌，稱作「源平燒」*12。有些不知其中原委的半吊子客人還主動向餐廳點源平燒，正好中了餐廳的意。

說到這些一知半解的客人，在東京還有更誇張的例子。當時約是景氣極盛的大正八、九年*13。在日本橋前面的某條街，有間叫做「春日」的餐廳販賣大尾的香魚。這背後也許是有什麼操作考量，不過這香魚卻很受好評，甚至有段時期，如果沒有在「春日」吃過香魚，就沒有資格談論香魚似的，人氣非常鼎盛。而且當時景氣很好，宴席料理一人份就要十圓或十五圓左右。收取如此高消費的金額，實在是耍人。但世間景氣好，人們有的是錢，因此他們提供這些對東京人來說十分罕見的大香魚。至於香魚味道是好是壞，這些暴發戶完全不在意，豪華又高價的大香魚反而對他們的味。受到自我催眠的人們奮不顧身地一定要到「春日」吃香魚，使得這間店紅極一時。

因爲太受好評了，某一天我也去試了。結果一看，那尾稱爲香魚的東西大得像青花魚一般，根本沒有吃的價值。無可奈何之下，最後只吃了肚裡的白子。

12 「源平」指的是平安時代末期的源氏與平氏兩大武士家族。為爭奪權力，兩家曾展開持續一段時期的戰爭。由於兩家使用的軍旗顏色不同，因此用「源平」來比喻同一食材的兩種不同調味。

13 一九一九、一九二〇年。

這樣的東西究竟爲什麼如此受歡迎？就像我說的，因爲這些人不懂香魚，覺得大才是豪華，所以才會被吸引吧。

「春日」的廚師野本先生是個奇才，又很有膽識。他順應當時情勢，進了許多大香魚，委託「葛原冷凍公司」*14 保存，再提供給客人食用。不懂得香魚滋味的人們，完全中了他的計。不過這間店自從出了野本這位廚師之後，也漸漸不行了。

但像這類的詐欺，不只存在於過去，現今的築地也不是沒有使用這種手段的店家。

另外還有一個例子。

某天我到魚河岸去，發現有人在販賣香魚便當，只要十五錢。就像有句諺語道：「即便腐壞了也是鯛。」再怎麼說也是香魚，再便宜也要三十錢或五十錢。香魚便當一個只賣十五錢，這究竟是怎麼回事？我也略感訝異。

不過事出必有因。市場賣剩的香魚就只能存放在冷凍庫裡，不知不覺，就存了幾千幾百尾。這麼一來，處理屯貨便成了一大困擾。只好用「即便腐壞了也是香魚」的方式，比起丟棄，倒還不如降價賣，因此才會出現這種只有五蠶、三蠶大小的香魚。當然不是指眞的只有三、五蠶大，而是指以當時香魚行情的二錢、三錢來換算，就是這種大小而已。

14 原名「葛原冷蔵株式會社」，日本首間實行食品機械冷凍的企業。一九二〇年在全國各地設冷藏櫃，一九二二年設立公司。

當然，這些香魚都沒有內臟。但總之，就是有這種香魚便當，一個十五錢。

不得不感嘆，東京眞廣，無奇不有。

鰻魚

鰻の話

我在京都出生，在京都生長二十年，對京都、大阪很清楚。之後住在東京，所以也挺瞭解東京。若要批評，我可以說不會袒護任何一方。關於鰻魚的烤法，我不會說一定是東京或大阪好。不過，還是來評判一下吧。

夏天時，這兩地都會用鰻魚來打牙祭，因此四處都有關於鰻魚的各類雜談。鰻魚店也會在這時候忙著宣傳「土用之丑日*15 享用鰻魚保健康」，或是「吃鰻魚預防暑氣」之類的。

一般說來，這個時期很明顯地會食慾不振，而鰻魚之所以在此時特別受歡迎，是因爲鰻魚是值得被特別對待的美味食品。不過鰻魚也有許多種類，也分好壞，因此劈頭就說鰻魚「是特別的美味」，這樣眞的妥當嗎？

我想要談的美味鰻魚，是指品質好的鰻魚。所謂的「美味」，可以說只限於品質優良的，吃了覺得不好吃的，當然稱不上是好鰻。而且難吃的鰻魚營養價值低，吃了也不會讓人雀躍。就算是同一種類的鰻魚，依大小及新鮮度不同，美味程度也各有所異。只憑「鰻」這個名字，無法成爲美味或營養價值的標準。

15 「土用」是以「五行」來計算日期的方式，指的是立春、立夏、立秋、立冬前約十八天。立秋前的土用，也就是一年中最熱的期間，其中以十二支計算的「丑日」便為「土用之丑日」，夏日會有一次或兩次，前後分別稱「一之丑」及「二之丑」。

地位低的人會說「只聞鰻魚味就足以配飯」，看來無庸置疑地，鰻魚眞的是特別美味的東西。人們常自傲地表示「哪裡的鰻魚好」，也常聽到各地因產鰻魚而自豪，像東京的魚河岸或京阪的魚市場就是如此。外行人要判別鰻魚的好壞很困難，而鰻魚店本來就是做生意的，通常有一定的行情。因此，品質好的美味鰻魚，價格總是非常高。若論美味程度，簡單來說，比起養殖的鰻魚，野生鰻魚當然比較好吃。這是因季節、產地、河川所造成的。

「幾月左右哪條河川的鰻魚好吃」、「幾月左右的某個海域的鰻魚不錯」。由這些說法可知，季節及場所說明了鰻魚的美味與否，因爲這說明了鰻魚居住的海底以及所吃的東西。鰻魚是不斷用感覺追逐食物移動的生物。

鰻魚有天生的嗅覺，總是嗅得出哪裡有好的食物，一發現，就會立刻行動獵捕，滿足食慾。當牠們以最好的食物飽足一頓時，正是我們吃鰻魚最美味的時期。這點不僅限於鰻魚，所有的食材都一樣。

例如燕子就是如此。一般甚至連知識分子都會告訴孩子：「燕子會飛往溫暖的地方避寒。」不過這種說法有些錯誤，事實上這是因爲牠們僅以維生的食物，也就是昆蟲都沒有了，所以爲了獲得食物才移動。若不飛往南方，便無法生活。爲了保全性命而追隨食物移動，不只是燕子而已，可以說是動物本能吧。鰻魚的移動也是自然的道理。

因此，像鰻魚這般細長又單純？的魚類，會把住慣的河川裡的食物全吃完，再遷居到下一個地方。如果海底食物夠多，就會待下來，吃完了再遷居到別處。六鄉川*16的鰻魚好，或是橫濱本牧*17的鰻魚爲佳，就是基於以上理由，指的是這些地方都是鰻魚移居、有好食物之處。

養殖鰻魚雖然是吃飼料長大的，但因土地及池子的狀況不同，會產生很大差異。連人工養殖都會有差異，這是因爲水質的緣故，跟從海中引進來的潮水也有關。不過最大的問題還是在於飼料，飼料不同會造成鰻魚品質好壞的差異。即使是養殖鰻魚，只要給予適當的飼料，也會長成好吃的鰻魚。不過鰻魚養殖業者只顧著考量經濟層面，一心只想盡量用便宜的飼料把鰻魚養肥，因此品質與天然鰻魚相較，差得遠了。雖然考量經濟成本也不無道理，但就算花再多錢，到頭來，人們還是很難知道鰻魚最喜歡的食物是什麼。

飼料究竟有多重要？例如鱉吧。鱉喜歡的食物是蛤類及其他小又柔軟的貝類。牙齒成一整片狀的鱉，只要看牠的大腸就會知道，牠們喜歡吃貝類，腸子裡面堆滿了貝。不過若要餵鱉吃喜歡的食物，費用會變高，所以有些鱉的養殖業者會用鯡魚來代替。結果不知不覺中，鱉也有了鯡魚的氣味及滋味，只食用貝類的鱉的美味，完全不見了。如此因爲飼料而嚴重影響鱉的品質，實在不可忽視。

16 多摩川下游處的總稱。
17 神奈川縣橫濱市中區東南部的地域名稱。

同樣地，餵給養殖鰻魚好飼料時，鰻魚就會好吃。就算是野生鰻魚，若無法找到牠們喜愛的食物，也不一定會美味。關鍵就在於鰻魚所吃的食物。雖然養殖鰻魚無法超越野生鰻魚，但還是希望養殖業者能夠做到程度相近。

不過，現今市面上販賣的，只有少數是野生鰻魚，可以說幾乎都是養殖的。並非沒有野生鰻魚的存在，而是捕鰻魚很花人事費用，所以問題出在商人的氣魄。如果養殖鰻魚價錢比野生鰻魚來得高，一般人就不會買了，野生鰻魚也會因此變得興盛。但如同前述，養殖業者只求把鰻魚養肥，外型夠好就可以販賣。並不是說不在意味道，但怎麼想都容易陷入二分法。現今只要提到鰻魚，幾乎都是指養殖鰻魚了。東京有五、六間店家仍然使用野生鰻魚，京都及大阪則完全沒有，其中也有店家是將兩種混著賣的。

此外，野生鰻魚吃的是天然的東西，但這並不等於就一定美味，當中也有分好壞。養殖鰻魚當中也有特別好的，但必須到好的鰻魚店才吃得到。

最後，什麼時候的鰻魚最美味？大約是在與炎暑完全不同的、寒冷的一月左右。奇妙的是，雖然寒冷之中有品質好的美味鰻魚，人們卻不像在盛夏時會想吃。就算知道美味，人的生理需求也不會有想吃的慾望。在熱得像在蒸籠似的盛夏，雖然鰻魚沒有冬天吃來美味，但心中卻會湧起想吃的慾望。可能是被炎暑壓迫的肉體非常饑渴吧，所以一般在夏天，鰻魚才會備受寵愛。當然，也因爲在土用之丑日吃鰻魚這件事已是長久以來的習慣了吧。

以牛肉來說，冬天也會想吃，但鰻魚、小型鮪魚等，似乎比較符合夏天的生理需求。例如鯨魚的皮下脂肪（鯨肉與皮連接處）在夏天非常好吃，冬天卻引不起任何食慾。總而言之，這與人的生理需求有很密切的關係。

以我的經驗來說，鰻魚每天吃會膩，三天吃一次正好。以味道而言，則期望養殖方法能夠再提升，養出讓人打從心底愉悅的美味鰻魚。

以下試列一流鰻魚店，以供參考。「小滿津」、「竹葉亭」、「大黑屋」等等。這些店家都在現代中融入風流雅緻，十分給人好感。其中特別是「竹葉」的上一代主人是風雅之人，非常喜歡名畫，特別收集了許多「琳派」＊18 的繪畫，例如今日特別受人矚目的宗達、光琳等的畫作就有好幾十幅，非常了不起。正因如此，「竹葉」現今仍然很有品味。

理解美的人，無論做什麼生意，都會有所特色。

至於鰻魚的烤法，地方上是用炭火直烤的方式，東京則是用蒸烤的方式，不用提。當然是東京的蒸烤來得好。

18 日本桃山時代後期興起，傾向使用同樣表現手法的造型藝術流派。由本阿彌光悅及俵屋宗達創始，尾形光琳、尾形乾山兩兄弟繼承發展。

河豚

河豚のこと

河豚的美味

河豚的美味其實很絕對，我敢這樣斷言。因爲就算與其他食物相比較，也不可能發現比河豚更出色的了。

河豚的美味，和明石鯛的美味或牛排的美味之類，完全不同層次，就算是令人開心的海參或海參腸也比不上。若是鱉呢？重點仍然不同。法國的鵝肝或蝸牛，根本無法相提並論，更別提天婦羅、鰻魚、壽司等等了。

這樣舉例可能有些勉強，若試著以畫家來譬喻，不是栖鳳*19或大觀*20這類的優秀，也不是靭彥*21、古徑*22這類的，更不是芳崖*23或雅邦*24。不是崋山*25、竹田*26、木米*27。那麼是吳春*28或應挙*29囉？不。既然如此，大雅*30、蕪村*31、玉堂*32又如何呢？還差得遠了。那麼光琳*33或宗達*34呢？也不太對。那麼，元信*35如何呢？又，兵衛*36如何呢？也不對。光悅*37、三阿彌*38、雪舟*39呢？再來再來。因陀羅*40？梁楷*41？差不多了，但還要再

19 竹內栖鳳，一八六四至一九四二年，日本畫畫家，京都畫壇代表者。
20 橫山大觀，一八六八至一九五八年，日本畫畫家，近代日本畫壇巨匠。
21 安田靭彥，一八八四至一九七八年，日本畫畫家，同時也是歷史畫名家。
22 小林古徑，一八八三至一九五七年，日本畫畫家。
23 狩野芳崖，一八二八至一八八八年，日本畫畫家，為近代日本畫之父。
24 橋本雅邦，一八三五至一九〇八年，明治時期日本畫畫家。
25 渡邊崋山，一七九三至一八四一年，江戶時代後期武士、畫家。
26 田能村竹田，一七七七至一八三五年，江戶時代後期文人畫家。

更進一步。這麼說來，就是白鳳*42、天平*43、推古*44囉？沒錯沒錯，是推古沒錯。推古佛。法隆寺的壁畫。就是它了。河豚之味，如果用繪畫雕刻來比喻，就是這般程度了。

不過，要人突然理解繪畫不太容易，但河豚只是食物，而且不用花太多錢就能吃到，只要持續吃個三、四次，便會瞭解牠的美味。接著會想一吃再吃，不吃就覺得不舒服。這種感覺，和喝酒抽菸很像。

一但迷上了河豚的味道，明石鯛生魚片、鬼虎魚鍋等都變得沒什麼了不起了，讓人一點食慾也沒有。到了這種程度，已經自覺到河豚的味道如何徹底地不同了。而且，就像山中蕨菜般，河豚的美味很難言表。不過河豚也有好吃或難吃，我所談的，是指像是下關*45河豚般的高級品。不，應該說只有這種才稱得上是真正的河豚。

何擇河豚湯　分明有鯛卻不食　輕率欠思慮*46。

即使不是因吃河豚而死，無知的人也會因爲無知而可能斃命，這樣的例子很多。這便是無知及一知半解者的宿命。

即便不是因吃河豚而死，任誰都有一死。選擇喜愛的道路而身亡，有何不

27 青木木米，一七六七至一八三三年，江戶時代繪師、陶工。

28 一七五二至一八一一年，江戶時代中期繪師，京都畫壇一大勢力的四条派始祖。

29 圓山應拳，一七三三至一七九五年，京都畫壇圓山派始祖。

30 池大雅，一七二三至一七七六年，江戶時代文人畫家，書法家。

31 與謝蕪村，一七一六至一七八七年，江戶時代文人畫家，與大雅同為日本文人畫大成者。

32 浦上玉堂，一七四五至一八二〇年，江戶時代文人畫家。

33 尾形光琳，一六五八至一七一六年，江戶時代畫家、工藝家。

可？若不是因喜愛而死，逝去的終究是逝去了。

同爲一死，因食河豚而死太可恥……也許有人會說這些聽來很睿智的話，但我才不理會這些。

芭蕉*47這人，似乎非常遵照世間基準而活，他的著作、他的文句，都說明了這點。竟然說「分明有鯛卻不食」，聽起來像是鯛魚能成爲河豚的替代品，也像是在說鯛魚比河豚還要好吃。再怎麼說，鯛魚都不能成爲河豚的替代品。他的這句話也許很有名，但只不過是句好聽話罷了。

在敝人看來，芭蕉分明不瞭解河豚，卻口出此言。尚且不提他其他詩句，這句話實在讓我怎麼都想不透。

我敢斷言，就算有鯛魚，無論是什麼樣的鯛，都不應該拿來和河豚相比，兩者是完全不同的存在。河豚的魅力是絕對的，就算有其他任何東西，也無法相及。河豚的特質，豈是一句好聽話就能夠將其埋沒的？河豚味道的特質，應該更細細品嘗才是。

即便如此，無論什麼事物，我也不會要求大家一定要接受。厭惡的事物，厭惡也無妨。

只是，常將對河豚的恐懼掛在嘴邊的人，無論是高官、是學者，根據我的經驗，大部分都很懦弱。雖然一副知識分子或秀才的模樣，但事實上，許多是

34 俵屋宗達，生沒年不詳，江戶初期畫家，時常與光琳並稱。

35 狩野元信，一四七六至一五五九年，室町時代繪師，狩野派之祖。

36 岩佐又兵衛，一五七八至一六五〇年，江戶時代初期繪師。

37 本阿彌光悅，一五五八至一六三七年，江戶時代初期書法家、陶藝家、藝術家。

38 室町時代代表畫派之一，水墨畫家，由「能阿彌」開祖。

39 一四二〇至一五〇六年，室町時代活躍的水墨畫家、禪僧。

40 中國元代畫僧，生沒年不明，水墨作品傳入日本，被視為禪宗繪畫的典型。

41 中國南宋畫家，生沒年

處事不機靈的人。這可以說是具備常識的人反而缺乏常識。

死，原本就是宿命性的決定。一味地對死感到恐懼，不就是因爲缺乏常識，尙未對人生有所領悟嗎？

河豚是有毒的魚？

河豚這個傢伙是身帶劇毒的魚，會攻擊人、使人恐懼。但也正因此，河豚自古以來便聲名大噪，驅使人們心生好奇。在人類的智慧面前，毒魚也被征服了。

人們發現可以將河豚的有毒部分除去，只將可稱之爲天下美味的部分毫無畏懼地送進口中。以東京爲例，現今河豚仍在味覺界君臨天下，其它魚種的美味完全無法相比。河豚料理專賣店突然不斷增加，並且被以公款四處遊樂的人們所占領。關西的河豚店是上班族或熟客都能輕鬆造訪的地方，但在東京，這些店卻總令人怨嘆無法輕鬆造訪。

從下關運來的河豚，在東京擁有最昂貴的魚價。

這樣的價格，在一流餐廳不成問題。就連擁有聲譽的老舖餐廳也不會表示「我們不販賣河豚」，而是爭相掛上河豚料理的招牌。這便是今日此時的餐廳情

不明，開創中國畫水墨寫意畫法新局面。

42 白鳳文化，約自六四五至七一〇年，位於以推古朝為盛期的飛鳥文化、以及天平文化中間。

43 天平文化，七世紀末至八世紀中，為貴族、佛教文化。

44 指飛鳥文化，其中以「推古天皇」在位的推古朝為最盛期，受中國南北朝影響，為佛教文化最初的興盛期，位於奈良縣的法隆寺為此時期建造。

45 山口縣下關市，位於本州最西端，面關門海峽北岸，河豚為名產之一。

46 此句出自俳諧師松尾芭蕉，意指明明有好吃的鯛魚，何以要走險嘗有毒的河豚。

況。我並不會因這樣的現狀而感到憂慮，不，甚至可以說我非常鼓勵這樣的行爲。從前，人們因爲無知而感到恐懼，因爲無知而無法享受這等美味，因爲無知而斃命，因爲見識不夠而不知如何征服這種魚，因此對於這種海鮮、這種充斥在日本四周海域的天下美味，不曾一顧。

希望大家不要再對政府無知的河豚管理條例抱持無關事己的態度不聞不問，要反省從前過度將這種魚類視爲有毒而隨便丟棄的無主見態度，更進一步研究河豚，讓河豚的存在能夠更有價值。

河豚究竟是不是有毒魚類？有沒有讓人中毒的危險性？以我料理、嗜吃河豚的經驗來說，我要聲明，河豚絕對不會讓人中毒。九州大學及其他醫學家也曾發表過專業研究，內容指出，任何種類的河豚肉都是無毒的。只要不吃卵巢及肝臟，就沒有毒。我也這麼認爲。總而言之，雖然說有劇毒，但因爲都不是在肉的部分，只要處理得當，就非常容易理解了。

簡單來說，就是要避開河豚的血液。但若只是稍微滲出血，似乎還不到致死的量，甚至可能成爲醍醐之味，讓河豚更爲美味。無論如何，生肉是最美味的，所以外行人不吃皮或腸之類的也沒關係。不過頭肉、口唇、雄魚的白子非常美味，應該做成鍋物來吃。下關的河豚都是在新鮮狀態下把腸去掉，以快車送到東京，應該不成問題。

47 松尾芭蕉，一六四四至一六九四年，江戶時代前期俳諧師，後世稱「俳聖」。

害怕河豚是從前的事了，主要是因爲從前的人不曾研究過河豚的料理方法。現今，在河豚店吃河豚絕不會致死。都已經來到能夠如此安心享用河豚的時代了，若還對河豚抱持恐懼，我想這完全是無知所造成的。

儘管如此，現今衛生當局仍因無知，認爲河豚料理有毒，在各縣各區任意進行取締。縱使這樣的取締仍在進行，我仍衷心希望各位能夠好好研究，活用這份天賜的美味。

山豬之味

猪の味

我第一次清楚體會山豬的滋味，是在約十歲左右。當時我住在京都，京都堀川中立賣*48附近有間代代經營肉類生意的老店，我常被叫去那間店買山豬肉。

我家很窮，所以就算買山豬肉，能買的也不多，我常常只能帶著五錢左右去買。當時的牛肉，「鹿子腱」（相當於東京所謂霜降里肌肉的等級）只要三錢左右就能買到，因此五錢當然就卯起勁全拿來買山豬肉了。

即便如此，只用五錢就想買山豬肉，也並非什麼闊氣的事。如果只是想吃肉，這筆錢早就能買牛肉了，也挺好的。不過當時若要買牛肉，就會要我帶三錢出門，帶上五錢，就是買山豬肉了。現今回想起來，可見我的養父母多麼愛好美食啊。

小時候我連東西南北都分不清楚，卻只對食物有著異於常人的熱情，因此每次被派去買肉時，我記得心情總是很振奮。我握著閃亮亮的五錢銅板，站在肉店門口，一直盯著老爺爺切著山豬肉的手，心中想著他今天會切哪個部位的肉

48 京都市堀川及中立壳兩條路的交叉口。

給我，是大腿肉嗎？還是肚肉？我只有五錢，想必他不會給我太好的肉吧。在幻想的同時，心中也不禁有著如此乖僻的想法。那種心情，現今仍然歷歷在目。

就這樣，某天，我一如往常站在店門口，老爺爺拿出了約兩寸方形、呈棒狀的肉塊，切成一分左右厚度、像四面形線軸般的肉片。四方體中有一半左右，也就是上層一寸左右的部分是純白的脂肪，是非常完美的一塊肉。我當時雖然只有十歲左右，但看到的瞬間心中雀躍，心想這部位一定好吃。脂肪又厚又實。當時的我不知道那是肩膀肉還是大腿肉，現今想來，應該是肩膀肉，也就是豬肉的肩里肌部分吧。

老爺爺只給我大概十片左右。孩童的我，非常小心地抱著這些貴重的肉，滿懷期待地回到家。家人們看到這美麗的肉，也很開心。我們馬上煮來吃，結果呢？當然很美味。現在想來，肉的美麗多少也增添了美味的心情。不過回顧我在美食之道七十年的生涯中，在那之前或其後，從來都不曾覺得山豬肉有那麼好吃。我至今仍難忘懷。我第一次對食物的美味覺醒，其實就是在那時。

那間肉店後來當然也傳承下去了，至今仍生意昌隆。

我回想起還有這樣一件事。

這間店不只有山豬肉，還有熊、鹿之類的肉。在那個時代，豬肉還不常見，想買豬肉，就只能到三条寺町*49 一間叫做「三島」的牛肉店。當時之所以沒有

49 京都市三条及寺町兩條路的交叉口，現今位於寺町商店街內。

豬肉，可能是因爲一般認爲豬肉不乾淨吧。順道一提，有趣的是從前在京都，豬肉是紅色部位比較便宜，白色脂肪肉的部位價格較貴。連我也一直覺得脂肪肉比較好吃，不過來到東京後，卻是紅肉部位昂貴、脂肪肉相對便宜。還記得我從前心想，在東京反而是好吃的部位便宜哪，特別買脂肪肉部位來吃。不過到了現在，若只有脂肪部位，反而令人困擾。一方面是因爲我對豬肉的嗜好有了變化，但也可能是因爲飼育方法及飼料有所改變，使得豬肉本身變得好吃了。總之，在當時，與其吃豬肉，大家還不如選擇吃猴肉。我也很少吃猴肉，只記得那肉像鰹魚一般剔透、漂亮。以口感來說很像兔肉，但當時印象中沒有什麼脂肪，不算好吃。不過比兔肉好吃就是了。

之後（大概在我十二、三歲時），再次讓我留下美味印象的山豬肉，和之前所吃的山豬肉完全相反，是外表又軟又皺的肉。那是一間位於堀川四条*50的肉店拿來的，外表實在很不起眼，不過卻意外地好吃。我不知道這是什麼部位的肉，問了肉店的人，他笑著說還是不要講比較好吧。我再追問下去，原來是肛門四周的肉。

看起來實在不好看，味道卻很棒。我想，大腿根部直到下方又薄又軟的肉，大概就像魚鰭下方部分的味道吧。

我的個性是一旦吃到美味，若不吃個徹底，就會無法釋懷。不只是山豬肉，

50 京都市堀川與四条兩條道路交叉口附近。

就算只是走在路上，如果發現美味的東西，就會停下來觀察，若感到似乎不錯，無論如何都要吃吃看。因此我時常發現美味的東西，但也有失敗的時候。

之前我到江州長濱＊51吃雞肉的時候，在店門前看到吊掛著非常大、簡直像牛一般的山豬。因爲看起來實在很壯觀，我心想一定很好吃。外行人常會因物體的大小而上鉤，這也是理所當然的。我被這隻大山豬吸引，覺得一定很美味，於是最後買了下來。

一吃，肉很硬、很粗，咬起來硬梆梆的。味道普通，極了難吃，實在太失敗了。不過脂肪肉部位很好吃。有了這次教訓，之後我再也不買大的東西了。

在東京，稱小山豬爲「當歲」，在關西地方則稱「DONKO」。我花了很長時間，才用經驗學到眞相。以現今的味覺來說，要品嘗山豬肉，只能限於出生一年的小山豬，或是有二、三十貫＊52左右脂肪肉的山豬，才會好吃。所以現在我都不吃大山豬。

總的來說，上了年紀就不好吃的東西，不只是山豬，牛、雞、魚亦然。不過以山豬來說，至少跟牛還是有些不同。犢牛的肉很好吃，不過犢牛的滋味無法和一般牛隻相比較。犢牛與大牛的肉，雖然同是牛肉，味道完全不同。也就是說，是不同品質的肉。

山豬肉也一樣，雖然大山豬和小山豬的滋味及品質也是不同，但以美味程

51 滋賀縣長濱市。
52 約七十五至一百一十二公斤左右。

度來說，小山豬有種難以令人忽視的好味道。沒有脂肪層、肉又柔軟，所謂「山豬就要吃當歲的好」，意義非常明確。

大山豬的脂肪多，肉粗又硬。小山豬的肉柔軟，脂肪類似豬五花肉，滋味細膩。當然，這種野生動物，到了冬天堆積了脂肪，最爲好吃，而且大雪堆積的雪國所補獵到的，更是好。伊豆天城*53附近雖然也能捕獲不少山豬，但脂肪少、味道差。一般來說，小山豬較少豐厚的脂肪肉，所以脂肪相對多的，味道最爲理想。以大小來說，十五貫左右的最佳。

若要煮食山豬肉，配上三州味噌*54爲佳。由於脂肪濃，加上味噌之後口感正好。因爲有些許澀味，可以加上酒調味。從以前就有「山豬白蘿蔔」這種說法，顧名思義，白蘿蔔的味道和山豬肉非常合。換成豬肉也有同樣效果，白蘿蔔也會變得更好吃。我小時候所吃的，裡面加了蔥等亂七八糟的配料，除了醬油以外，還是用了味噌調味。煮馬肉也會用味噌來調味，如果不加味噌，根本完全不能吃。這和山豬肉加上味噌的用意又有些不同。

現下時常有人舉辦「山豬肉火鍋會」之類的，我曾受招待去了。大部分肉都切得又粗糙又薄，和白蘿蔔、芋、紅蘿蔔之類的一同放入混亂不堪的大鍋中煮上好長時間。可能因爲山豬肉比較硬吧，不過等到煮得差不多時，肉的確被煮軟了，味道卻全煮進了湯裡，肉本身完全沒了味道，實在遺憾。山豬不只肉的滋

53 位於靜岡縣伊豆市。

54 又稱「八丁味噌」，為愛知縣生產的味噌種類，顏色呈紅褐。

味好，還帶有野趣的高雅香味。不過這麼一煮，不僅肉香消失，連味道都沒了。

類似這種情況，大多時候肉都放得非常少，得在鍋中攪和一番，才好不容易能找到。不過找到的肉，味道都被煮進湯裡了。難怪在東京，許多在山豬肉火鍋會中吃過山豬的人，都表示山豬不好吃。但這可無法對山豬構成辯解的理由，都是因爲人們不瞭解吃東西的方法。若是我，首先會將脂肪肉部位拿來煮蔬菜，另外取其他部位的肉，若肉質太硬就切薄片，慢慢地、一點一點放入鍋中一面煮一面吃。

雖說這麼做是以山豬滋味來品嘗蔬菜，但對山豬肉火鍋來說，重要的山豬滋味並不會被蔬菜吸走。因爲山豬肉原本就不容易煮出精華，無法當成輔佐味道的角色。所以若想單純吃到山豬肉的滋味，就必須大量使用擁有相當脂肪的肉（脂肪肉）。如果鍋中的蔬菜比肉多，就吃不到高湯味。若想煮出滋味，就會像前述的把肉味全煮到高湯裡，肉變得像鮭魚罐頭般軟爛，失了山豬肉的本來面貌。

更甚者，還有人會在堆積如山的蔬菜當中只加入非常少量的肉，像是用大鍋來使出咒術般的山豬火鍋。僅用一些肉，卻找來很多人，就會變成這種狀況，就算山豬味道再怎麼豪邁，也寡不敵衆。說起來，這些以山豬肉火鍋爲名的交流大會，其實許多都不是以品嘗山豬肉爲目的。不僅限於山豬肉火鍋，這是對事物理解不透徹、不認眞對待的人的通病，進而呈現出來的一種樣貌吧。

山椒魚

山椒魚

來談談一項奇特的食物吧。

我長久以來吃遍了各種東西，在所謂怪誕的珍奇異食當中，沒有特別好吃的。

「在所吃過的奇特食物當中，有沒有美味的？」若這麼問我，我也只能回答「山椒魚」了。

山椒魚絕對不是什麼怪誕的珍奇異食，不過如同各位所知，山椒魚是保育類動物，禁止捕獲，而且不是隨處都有，因此不常有人吃過。以這層意義來說，山椒魚便可稱得上是珍味了。

不過我說山椒魚是珍味，並不只是因爲牠稀有。就算再如何稀有，如果不美味，也無法稱作珍味。被世間視爲稀有、卻不美味的「珍味」，不在少數。但山椒魚不僅稀有，還很美味，因此算是值得被稱作名實相符的珍味了。

雖然是蠻久以前的事情了，舊明治座*55 前面「八新」的老闆曾向我提過他料理山椒魚的經驗。他一付打從心底感到不舒服地說：「殺山椒魚得用研磨棒往

55 位於東京都日本橋的劇場，曾經數次被燒燬及重建。魯山人本文初次刊登為一九三五年，因此「舊」明治座指的應是一九二三年關東大地震之前的建築，於地震時被燒燬，後遷至濱町公園附近重建，一九二八年重新開幕。

牠頭上一敲，牠奄奄一息時會發出悲鳴，那種叫聲，眞有種難以言喻的陰森啊。」

中國的《蜀書》當中曾寫到：「將山椒魚捆於樹上，以棒搥之並料理。」不過眞正知道山椒魚該如何料理的人，應該很少吧。我剛開始接觸山椒魚料理的時候，也想起這番話，照著這個方法去做。

那是關東大地震之前的事了，已經蠻久了。當時時任水產講習所所長的伊谷二郎先生得到了三隻山椒魚，他送了一隻給我。

那隻山椒魚大概有二尺左右吧，長得奇形怪狀的，皮膚光看都令人覺得很不舒服。但把牠一放到砧板上，就不覺得那麼噁心了。不像癩蛤蟆那樣惹人厭。依「八新」老闆的說法，只要讓牠吃一記棍棒，牠便簡單投降了。把牠肚子剖開時，一股山椒的味道湧上來。沒想到山椒魚的肚子內部竟是那麼美麗，肉非常漂亮，果然是在深山清水中長大的動物啊。不僅如此，當我剖開牠的肚子切肉時，芬芳的山椒氣味瞬間從廚房往家中散了開來，整個家中都充滿了山椒的香味。「山椒魚」之名，可能就是因此得來的吧。

接著，我隨意切下皮及肉，想用煮鱉的方式來料理，卻不知爲何遲遲煮不透。別說煮不透了，根本一煮就變得硬梆梆的，即使久煮，也無法變軟。煮上兩、三個小時，反而更硬了。

總而言之，我花了很長的時間烹煮，總算咬得下去了。嘗了一口，味道像鱉一般高雅，非常美味，湯汁更是好喝。

就像是鱉和河豚的混種吧。這種比喻雖然很奇妙，但應該就是這種程度的美味吧。鱉也非常好吃，不過有一種臭味。而山椒魚就像是少了臭味的鱉，味道清爽又高雅。

我忘不了這般味道，隔天又吃了一次，更加好吃了，我嚇了一跳。經過長時間烹煮而變得更硬的山椒魚，一經冷卻後，不可思議地竟變得柔軟許多，皮也變得又滑又嫩，而且湯汁比起前一天更爲好喝。

在那之後一直沒有機會，有好長一段時間都沒能再吃到。某次，在偶然的契機下，我得到消息聽說日本橋的「山城屋」進了好像是山陰＊56還是哪裡、總之是從那附近得手的三隻山椒魚，我立刻前往買了一隻，用和上次一樣的方法來料理。這次的比上次那隻還要大，有兩尺多長。

我請了之前提到的伊谷先生，以及美術學校的正木直彦先生等十幾位充滿好奇心的人一同來品嘗。不過就和上次一樣，山椒魚怎麼也煮不軟。充滿好奇心的客人們表示也想瞧瞧料理山椒魚的過程，因此我等到大家都到了才開始煮，結果到了能夠招待大家吃的時候，已經過了很長一段時間。即便如此，還是沒能煮得非常柔軟。

不過，每位客人都說山椒魚料理非常好吃，甚至還多添了碗。而就和上次

56 指日本本州西部面日本海的地域。

一樣，果然到了隔天，肉更是柔軟，滋味也更好。

第三次是在鎌倉的自家中嘗到的，是出雲地方*57的人送我的，但聽說好像是在山口縣山中捕到的。我曾聽聞那附近的人常吃山椒魚，山椒魚料理並不算稀奇。

當時聽說那裡的人若是偶然在山徑中發現山椒魚，就會抓來當場烤來吃。想來可能是蘸著鹽或醬油一起吃吧。不過也由此可知，山椒魚是會爬山的。

當時我招待了在大阪堪稱一流的骨董業紳商們。即便是這些似乎樣樣精通的骨董業者，卻沒有人知道山椒魚的滋味，可見山椒魚果真能稱得上是珍味。

在此大略敘述一下山椒魚的料理方式，以供參考。首先，將內臟除去，接著用鹽將表面的黏膜擦掉，用水洗過一遍，然後像是要揉到入味一般以鹽清潔山椒魚的肉。之後再次用水洗，切成大概三、四分左右的厚度。

湯汁部分在水中加入清酒，以及整顆生薑及蔥，慢慢煮。

山椒魚的肉很好吃，擁有膠質的厚皮更是美味得令人驚訝。就像是鱉又軟又薄的部分一樣，但比那還要更有嚼勁，滋味更是高雅。

前面提過把山椒魚剖開後會有股山椒的香味，但這股香味放入鍋中煮了之後，就會漸漸消失。

我在鎌倉那一次的料理也是一樣，直到端給客人爲止，山椒魚都無法煮得

57 位於島根縣。

非常柔軟。

有了這幾次經驗後，若要在晚餐時享用山椒魚，可能得從早上就開始煮了吧。

有些人會說得煞有介事，例如：「料理山椒魚的方法，首先要把牠放入籠子裡，從外頭澆淋熱水以燙死牠，然後再剝皮、切肉。除此之外別無他法。」事實上不需要如此愚蠢。

再補充一件最近發生的事。去年我到松江*58朋友家拜訪時，正好對方偶然得到了三隻山椒魚，美味極了。當時在現場的還有被稱爲「握壽司名人」的壽司屋老闆久兵衛先生，認眞學習的他誠懇地要求務必讓他來料理，因此就拜託他了。

再怎麼說，四隻腳的山椒魚，就連豪邁的久兵衛剛開始也噁心得直打顫，但他心一狠一擊，總算把三隻山椒魚都處理完了。

我仍記得，當時山椒的芳香傳到了客廳，爲席間增添了一股風雅情趣。

58 島根縣松江市。

吃蟾蜍

蝦蟇を食べた話

想得到山椒魚並不容易，不過相反地，若想要多少都有，而且不怎麼被人拿來食用、卻擁有相當美味的，就屬日本蟾蜍了吧。

有一陣子很流行吃牛蛙，聽說還非常好吃。不過比起牛蛙，蟾蜍更是美味得多。但知道這件事的人，意外地似乎很少。

我第一次吃到蟾蜍是在上海。我走進某間餐廳，裡頭貼了特別大的字，寫著「青蛙料理」。看到「大田雞」幾個大字，即使在中國，青蛙料理也很稀有吧，至少是會引人注目的料理。不愧是中國，用字很有趣，「田裡的雞」眞是有意思的表現。

因爲覺得很特別，我立刻點了。端上來的是一個大碗盛裝的煮物，上面淋著用葛粉*59 勾的薄芡。所謂的中華料理，每一道都很誇張，量非常多，這盤也不例外。就算再好吃，這樣的量也不可能吃得完吧。但嘗過之後，實在太好吃了，最後全都吃光了。

這究竟是什麼樣的蛙呢？我請對方讓我看看，大小比日本的蟾蜍還要稍微

59 由葛屬植物的根部提取出來的澱粉，可用來勾芡。本書「炸琥珀」一節當中有更詳盡的說明。

小些，顏色帶點紅，是所謂赤蛙的種類，時令應該是在牠們冬眠的時期吧。當時吃的應該是在五月產卵之後的，非常好吃。

不過，即使是美味或美食，對無意者而言都是無緣的。不管是在中國住了十幾年，或是時常造訪中國、也就是所謂的中國達人，也有許多人不知道吃蛙這件事。因此，我一提到青蛙很好吃，這些人總會驚訝並且懷疑。我這個第一次造訪上海的新人，帶著這些熟門路的中國達人去吃青蛙料理，大家都對其美味感到驚嘆。

因此我想，日本的蟾蜍應該也非常好吃吧，哪天有機會，一定要試試看。不過再怎麼說，蟾蜍的皮膚光看就覺得噁心，實在無法下手。習慣的力量很可怕，像這種東西，若不是有什麼契機，絕不會特別去吃。

某次，有位從瀨戶來的陶工告訴我，在瀨戶附近，人們時常食用蟾蜍之類的，很多人都會到那附近捕抓蟾蜍來吃，連龜之類的也常被抓來吃。原來如此啊，在那片土地上以捏土爲生的工匠可說就像當地居民，想必一定正如他所說的，因此我一直將這件事放在心上。

之後，我到瀨戶的赤津時，把這件事搬出來詢問當地的人，請教附近居民是否眞的常吃蟾蜍。結果工匠們都回答完全沒聽過這件事。怎麼會前後不一呢？

我完全摸不著頭緒。不過我心想，會不會是因爲吃蟾蜍這種事讓人不好意思開口，因此我跑去詢問那附近頗爲富有、同時是陶工培育者的加藤作助。加藤也表示雖然也不是沒有這類事情，但事實上眞的沒有人在吃蟾蜍。最後，我連事情眞相都沒弄清楚，因此也沒能有機會吃到蟾蜍。

曾經認定的事情，卻又變得曖昧起來，這眞是令人不禁不在意了。就在這時候，我到京都伏見的某個陶器工廠，正好遇見了告訴我這件事的人，於是我又提起了這件事。

「你說大家都在吃，不過我問了，他們卻說沒人知道呢。」結果他說：「不，才沒這種事。蟾蜍很好吃，而且又是不用錢的，大家都會抓來吃。」他仍然不停地說著經常食用蟾蜍這回事，聽起來總覺得道理不通的地方還眞多。

於是，聽到這番話的陶工宮永提了一個建議：「說了這麼多，蟾蜍在京都就有了，只要到伏見稻荷的池子去，一定會有。既然哪裡的蟾蜍都能吃，那麼就抓來吃吃看，如何？」這麼說來的確如此，最後我決議：「只要有人抓到，我就用一隻一圓跟他買，最多買五隻。如何，有沒有人要幫我抓？」當時的一圓大概等於現今百圓左右的價値。「如果是一隻一圓，乾脆就用午休時間去抓吧！」大家一致贊成，一面嚷叫著、一面往伏見稻荷的池子去了。當時不僅是冬天，還特別寒冷。我也跟著去了，因爲是冬天，池中的水少了許多。蟾蜍在池塘邊緣的斜面掘了穴，在穴中深處冬眠。一瞧，果然發現在降低的水面與池塘邊緣的正中間，有一個個的洞穴。

的確，中國的《隨園食單》*60 或哪一本古書中曾寫道：「洞窟中的蟾蜍很美味。」我一見到這些池中洞穴：「原來就是指這個啊！」在此之前，我想像的「洞窟」二字是很大的石穴，其中有著蟾蜍。原來並非如此，指的果真就是在洞穴中冬眠的蟾蜍了。

言歸正傳。這個洞穴非常深，蟾蜍就冬眠在把手伸到肩膀左右還抓不到的深處。因此，若在池邊蹲下身伸手去抓，也完全碰不到蟾蜍，只得進到池裡，別無他法了。

這時候，起初興致勃勃要來抓蟾蜍的工匠當中，有人畏縮了：「管他一圓還兩圓什麼的，我才不幹呢！」也有人把手伸進去，一摸到軟趴趴的東西，哇地一聲大叫，手又縮了回來，引起一片騷動。蟾蜍雖然正睡著，但也不是死了，當然摸起來軟趴趴的。雖然大家都相信應該就是蟾蜍沒錯了，但若不把牠抓出來，究竟是蟾蜍還是蛇，總是沒個準。只是這樣就夠噁心了，大家邊吵著邊猶豫。最後，總算有人鼓起勇氣，把這軟趴趴的東西拉了出來。果真是蟾蜍沒錯。趁著這股氣勢，大家拉出一隻又一隻，結果依照原先說的，抓到了五隻蟾蜍。

接著，我請那位主張經常吃蟾蜍的人把蟾蜍皮剝了，剩下的肉就像做一般

60 清代文學家袁枚所著。

壽喜燒的魚一樣，與切碎的蔥一起煮，再用葛粉勾上薄芡，完全只照著上海的料理方式試做而已。我把蟾蜍當晚餐吃了，果然味道很好，肉的肌理很細，咬起來很有嚼勁，比雞胸肉還好吃。不過，不知爲何有股苦味。我問了那位常吃蟾蜍的人：「這股苦味怎麼有些奇怪……」他卻說不知道。總之這個苦味應該不是毒，所以我就這麼吃下去了。隔天繼續拿來吃，兩天就吃了五隻。

之後我又吃過幾次蟾蜍，果然還是有苦味。我聽別人說（但不知眞假如何）：「料理的時候，如果用剝過皮的手去處理肉，肉就會變苦。苦味是從皮來的，只要不要讓皮出的汁滲進到肉裡就可以了。放在水裡剝皮應該就沒問題了。」蟾蜍的苦，應該是一種澀味，下次再注意試試看吧。

關東大地震之後，在京橋靠近日本橋的地方，出現了專門料理蛇及牛蛙的店。這裡提供的食物都還蠻特別的，因爲在其他地方也吃不到，所以我在這裡吃了蛇和其他各種奇特的東西。大致來說雖然一樣，但比起中國的大田雞，日本的蟾蜍比較好吃。牛蛙雖然很軟嫩，但吃起來像是沒有纖維一般，味道不夠有深度。蟾蜍味道比較淡，若以雞來說，像是雞胸肉，若以魚來說，就像是肉質較軟的種類。

我在中國看到的，應該是叫做赤蛙吧，但在日本卻沒見過。聽說日本也有稱做赤蛙的青蛙，我是沒有見過，但如果碰上了，倒想吃吃看。乾脆幫牠取名叫做「赤色田雞」吧。

握壽司名人

握り寿司の名人

二戰結束後，有種被稱作「黑市米糧行」的女性商人非常活躍，她們不畏被取締的風險，每日潛入東京做些不吃虧的買賣。販賣對象是餐廳及旅館，尤其以壽司店爲主，甚至遠從新潟、福島、秋田等地奮勇前來。這些黑市商人敏銳地看準了東京人對米糧伸長脖子焦急等待的心情，無論是壽司店或是餐廳，只要委託這些從產地運貨過來的商人，大城市就不會有缺乏米糧的問題了。

這個時期的東京一眼望去，壽司店林立，讓人以爲身處美食街，豈是用雨後春筍就能形容的。不過卻很難找到一間店能做出所謂像樣的壽司。我並非每一間都吃遍了，但只是路過稍微側眼一瞧，就能知道賣的是上、中、下哪種等級的壽司。當然，能夠有這種程度，是因爲我付了不少吃壽司的錢。若是有心者，除了飛奔到高級又有好評的名店體驗之外，沒有其他捷徑了吧。

雖說如此，二、三十歲的年輕人，當然分辨不出醃醋的份量或是鮪魚的產地等等，不管好吃難吃，都吃得津津有味。大部分的年輕人只要能吃得多，就非常滿足了，當然不瞭解壽司店的等級之分。談論壽司也是等到年過四十、手頭較寬裕、對吃比較講究之後的事了。

壽司飯要少一些、山葵要嗆一點、鮪魚肚和中鮪魚肚之間的部位最好吃。這都是戰後才有的變化。從前的人都是以熱茶之類的來搭配品嘗壽司，不過現今的人們卻總是立刻來個啤酒或日本酒，把壽司當成下酒菜來享受。這是戰後吃壽司的方法。這都是因為在戰後，壽司從原本站著吃變成坐在椅子上吃的緣故。這種傾向也造成了一股勢力，使得品質好的壽司店自然而然地發展出讓人不易吃飽的小型壽司，以讓客人喝下更多酒，最終成為有一定規模的餐廳。現今還有另一個現象是，不管是站著吃或坐著吃的壽司店，女性客人多到令人訝異，而且和男人一樣自大地喊著：「我要吃鮪魚。」、「不，我要血蚶。」、「我要海膽。」出現許多令人忍不住發笑的情況。看來壽司似乎早一步往男女平等的世界邁進了。

在那個還梳著島田髻*61時代，這些不堪見人的面相，如今以口紅、指甲油、高跟鞋之姿堂堂入侵壽司街，宣示著其地位及權勢。這是從前幾乎見不到的景象。也因為這股潮流，番茄壽司、鹹牛肉壽司、三明治壽司、豬排壽司等創意及創作料理胡亂地不斷出現，以江戶前*62自傲、作風豪邁的壽司店也不得不絕跡了吧。三明治壽司之類的說不定真的會出現，因為米飯和麵包都可以同時下肚了。直到二次大戰前大約十年左右，京橋、日本橋一帶的繁榮之處，有非常嚴謹的壽司店，也有非常囉嗦的客人。當時在新橋車站附近，有位嵯峨野

61 日本舊時的女性髮型，主要是將髮髻反摺在頭頂上。

62 指在東京灣捕獲的魚類，也用來指江戶的流派及做法。

來的料理人自稱「千成」，他以一般大眾爲對象，很有膽識地開起了壽司店，不知不覺就聚集了十幾名師傅，並對他們頤指氣使，捏著三流的壽司。千成仿照百貨公司建了一間壽司食堂，準備許多桌子，賣起了每人份固定價錢的盤裝壽司。這種方式由於講求價廉，一下子就在坊間流傳開來。最後，整個東京充斥著這類的壽司食堂，江戶前壽司也在此時失去了原有的驕傲。

那麼，像樣的壽司該有什麼樣的特色呢？既然是像樣的壽司，當然指的是一流的壽司。這樣說雖然不中聽，但這並不是一般大眾所吃的那種壽司。現今也有招牌寫著一盤七、八個握壽司只要五十、八十圓的，但我現在要談的壽司，不是指這種只有外表看起來像的東西，而是一個就要五十圓以上甚至百圓的握壽司。然而，在這麼多虛僞的店家中，多少還是有些會很有良心地提供眞的握壽司。我在炎暑中爲了吃而困擾時，拜這些店家所賜受惠不少，讓我不感暑氣，幾乎每天都前往新橋。一流的鮪魚，比起最好的神戶肉或最上等的鰻魚還要貴上好幾倍，但吃過之後的確會讓人理解其價值，所以昂貴也是理所當然。這是對健康的投資，因此我都會以一流的鮪魚來度過盛夏。然而，能夠時常備有一流鮪魚、等待識貨客人上門的壽司店實在非常少，想要發掘上等壽司店，對客人來說實在是一樁苦差事。

上等的壽司，重點還是在於食材。

1. 最上等的米（新潟、福島、秋田一帶顆粒較小的米）。
2. 最高級的醋（愛知紅醋、米醋）。
3. 最好的海鮮，大多都是最高價的。
4. 最好的海苔（用細海草做成的厚海苔）。
5. 最好的生薑（老薑較好，不可用嫩薑）。

若能備齊以上食材，就能做出美味壽司。無奈一般的壽司店都無法具備這最強的決勝力。

東京的壽司店（京阪地方亦然），只要是握壽司，每間都會在招牌上大大寫著「江戶前」三個字。江戶前壽司似乎特別受矚目且極富魅力。握壽司之所以變得流行，是因爲相較之下大阪壽司＊63只流於風情、缺乏生氣。會特地寫著「江戶前」，是爲了清楚區分大阪壽司和江戶握壽司的不同，並且斷定江戶前壽司比較好吃而希望讓客人吃到。總之，江戶前壽司在日本已然成名。

江戶前壽司與大阪壽司的相異之處，在於食材、調味以及技法。無庸置疑地，首先最重要的便是有沒有表現出生氣。江戶前壽司的特色在於以簡單、直接了當的手法，在客人面前展現食材生氣蓬勃的樣子，讓客人享用得心服口服。此外，即使是脂肪豐厚的鮪魚，吃下後卻不覺口中殘留油膩，江戶前壽司的這

63 大阪地區的壽司一般以壓壽司及卷壽司為主，和東京地方的握壽司不同。

番特色，更爲身爲東京名產之名錦上添花。近來京阪地區的箱壽司＊64在關西某些地方很流行，不過這種以發酵壽司＊65爲根本的壽司既沒有特色又庸俗，對即興生活的江戶人來說，似乎完全不買單。對此我當然一點都不覺得意外，這大抵就是江戶人與京阪人的不同吧。

但今日，隨處都有模仿東京握壽司、內容卻令人質疑的東西，還眞是可惜了「江戶前」的名聲。隨便標榜著「江戶前壽司」的招牌，這種不負責任的態度，令人不得不斥責。再怎麼說，大阪箱壽司會被握壽司扳倒，這是吃壽司的人的勝利，卻是壽司店的失敗。對這種狀況心有不甘、意氣用事的京都大阪的名壽司店們開始一味地揑起握壽司，現今在京都大阪也能看到很大的握壽司招牌，但這根本就令人不予置評。只是東施效顰，落得滑稽罷了。更別提其他地方了，根本令人無法下嚥。這些地方根本沒有任何能夠作爲適當食材的魚，例如不可欠缺的鮪魚等等。這才是最大的原因，不過他們卻完全不瞭解這點。

由於我在京都出生，自然瞭解京都大阪有哪些美味。但江戶前壽司這種有魄力的美味，就連對家鄉自傲的人，也不得不脫帽致敬。話雖如此，現今在東京的江戶前壽司專門店，也不一定就好吃。無論任何事物，以一論之都是不妥的。

鰻魚的狀況與壽司相同，雖然是東京名產中的名產，但在今日，已經很難像從前那樣堪稱是日本最好的了。不過關西地方的鰻魚店卻經常貶低東京的鰻

64 將醋飯填進長方型木箱中，上頭鋪放食材，再從上方加壓而成。

65 將魚抹鹽與米飯一同發酵做成的壽司。

魚：「東京的鰻魚是蒸了之後才烤，湯汁都蒸掉了，絕對不會好吃。」這是只顧自身利益的說法，眞讓人不堪入耳。這番話並不是衝著味覺來的，而是不負責任、自以爲是的說法，不足以討論。這些不知改進的鰻魚店，只能讓人覺得遺憾了。由這個例子可看出，即使是鰻魚店，也不一定瞭解鰻魚。

說到東京的鰻魚，大阪那種直接燒烤的方式也只能無條件投降了。但他們卻以炭火直烤自豪，眞是讓人忍不住嘲笑的陋習，必須趁早改進才是。不只如此，他們還以養殖的鰻魚大談鰻魚論調，更可說是愚昧。

無論是壽司還是鰻魚，都必須仰賴食材的品質。

使用好食材的壽司，價格當然昂貴。值得喊出高價的東西，皆有其道理。若不理解道理，只拘泥其高價而感驚訝，實在庸俗。高價壽司有高價的理由，沒有任何地方是胡亂開價的。壽司的行情，可以說是取決於眞正瞭解滋味的客人。

這樣的業界型態，無論店內風格、各式道具、食材及原料、衛生設備、其他如師傅、侍女等，若皆以一流爲目標，所有部分都得花錢。因此，是否整備妥當等待客人前來，這便造成了美味壽司與難吃壽司、廉價壽司與高價壽司的不同。

那麼，像這種能夠享受高級美食的店家，在新橋一帶究竟有幾間呢？當然，就站著吃的店家而言，做得好的有好幾間，不過實際上都是「掛羊頭賣狗肉」一類的店。特別是最近流行在玻璃櫃內把食材堆得像山高以等待客人來光臨的，大多數都很難說是上等的壽司店。

當前以新橋爲例，符合我喜好的店家大概就兩、三間吧。其中一間是最近崛起的「新富本店」，以及戰後立刻開業的「新富分店」。本店從前意氣風發而紅，以名人壽司店聞名，但終究抵不過衰老，漸漸也沒了生氣。

從這點來看，分店老闆阿貢*66 正值四十壯年，技術非常好，總算漸漸被認可。至於本店，如同前述風光已不如從前，分店卻因非凡的技術，在現今新橋附近的壽司店當中應可稱得上是第一，繼承了本店的衣缽。但分店的阿貢雖然技術好，店內狹小，又採舊式站著吃的型態，太過粗糙，不適合紳士。來到這兒，只會令人感到有口福而已。

本店的老爹走的是爵士風格，相反地，分店則是地歌三味線*67 風格。以這點來看，阿貢就像養子似地安靜又沉穩，甚至從容得令人著急。他每天早上到魚市場去，回來立刻就得忙著備料。一直到炊好飯迎接客人之前，需要花上好長一段時間準備，幾乎很少趕得上正午時分開店，經常是到了兩點左右才掛上暖簾營業。因爲他沒請伙計或侍女，總是獨自一人忙著。雖然有妻子，但也因爲要照顧小孩還是什麼的，總是要到兩、三點才會到店裡。能夠幫忙的，最多

66 魯山人在文中稱他為「みっちゃん」，本名應為矢澤貢。

67 江戶時代以京都為中心所流行的三味線音樂，風格纖細內斂，很少劇烈表現。

也只有倒茶之類的工作了。

不過這有好有壞。正因此，整家店完全是他一人的技藝展現，以特色來說實在沒什麼好挑剔。但他忙不過來這件事實在很令人垢病，結果最重要的米飯總是煮得不完整，我不知叮嚀幾次了，現今仍然有這個毛病，眞是要不得。

接下來是位於西銀座很不錯的店「久兵衛」。這間店的老闆是很特別的人，甚至讓人覺得他開壽司店實在太浪費了。他從幼年時就被培育爲壽司店的經營者，也因此開了壽司店，不過他若能念到大學畢業，搞不好現在至少也是局長、副局長、部長級的人物了。總之，他可說是一個歷經辛勞、頭腦很好的人。他氣骨稜稜、意氣風發的氣魄，眞可稱得上是現代版的一心太助＊68。若是無能之輩，面對客人搞不好會畏縮而端出難吃的壽司。但正因爲他是這樣的男人，就連以難取悅而出名的鮎川義介＊69也從很早之前就認同他的技術，在戰時及戰後，鮎川先生對他關照不少。

這間壽司店的門口不採用陳腐的壽司店形式，而是非常富有現代感的新建築，不禁讓人啞然，也正說明了這是間高級壽司店。不過店門口只寫了「久兵衛」三字而已，看不出這是間壽司店或什麼。店的外觀會讓不知情的人較難跨入門檻，有不少人會在遲疑猶豫之後就這麼離開了吧。正因此，店內不像一般壽司店會混合著A級、B級、C級的各種客人，這是一大特色。

68　時常出現在小說、戲劇裡的虛構人物，重人情講義氣，是典型的江戶男兒。

69　一八八〇至一九六七年，日本企業家、政治家。

客人不是A級、便是B級，無論夜晚或白天，這兒的生意都繁盛得嚇人。若仔細盤查東京的壽司店，店內無論晝夜皆充滿一流客人的，恐怕只有「久兵衛」了。這不僅是因爲壽司本身好吃，想必也有許多人是因爲被久兵衛本人的魅力而吸引過來的。甚至可說，客人幾乎都是因爲喜歡頭腦好又帶給人好感的久兵衛，所以才來的。

這裡的設備充裕、老闆又有趣，但要說這兒的壽司究竟有多少程度的價値，針對諸多重點來探究，首先，無論與何處相比，可以確定的是，這裡的壽司絕不遜色。但遺憾的是，很難說沒有劣於新富分店的地方。

食材，主要針對挑選海鮮的眼光，某種程度上，我認爲阿貢比較優秀。話雖如此，雙方都各有特色。至於炊飯方面，絕對是久兵衛優秀，挑選海苔也是他比較擅長。新富的阿貢挑魚的眼光讓我很欽佩，實在很有鑑別力。但在選海苔、炊飯的方法上，我認爲還是輸給久兵衛。這是因爲阿貢原本是在大阪、京都長大的，所以對選海苔實在不擅長，眞是美中不足。至於使用的醋，雙方程度不會差太多，但關於醋的調整，只使用紅醋的阿貢略勝一籌。

在此，爲了論兩者的優劣，來瞧瞧握壽司不可或缺的鮪魚吧。這便是阿貢獨秀的舞台了。只是遺憾的是，阿貢在捏米飯的方式上還是有些缺點，最主要是捏得太大了。久兵衛的米飯以高級壽司來說非常完美，捏得恰如其分，有特色，是能當作下酒菜的壽司。如果久兵衛在挑選鮪魚方面能夠更加更加嚴謹，切得更大方，大概是現在的兩倍，就能天下無敵了吧。

久兵衛有他的壽司觀，因此先入爲主地認爲鮪魚不應該切成大塊，所以他切魚的方法不如他的氣魄，反而看起來窮酸。

這可能是受到從小培育他長大的壽司店「Misuji」*70 的影響吧。「Misuji」這間壽司店從前是專送外賣給宮內省*71、專做數百人外送的規模，與其說是技藝聞名，不如說是一間在事業經營上很成功的壽司店。在那裡長大的久兵衛，若說他擁有技藝，那麼便是天生的，並非當時的老闆所教導。因此他到現在仍習慣將魚肉切得很薄。

先入爲主的價值觀很可怕，無論是誰，只要染上了一次，就不容易改掉。某次，坐在壽司吧檯前的客人對他提出要求：「請切得厚一點。」坐在一旁的我聽到他回答：「當然，壽司嘛！」結果他也沒有切得比較厚。由此看得出他堅信鮪魚不應該切得太厚，實在很有意思。

關於這點，新富分店應該多少是從本店老闆那裡學來的吧，不過阿貢的確繼承了堪稱名人的氣概及素質，他切鮪魚的方式便是第一。

戰後，魚河岸的鮪魚總只有兩、三尾，就算一般店家無法進到鮪魚，阿貢的店裡也總是堂堂地備著鮪魚，其他壽司店就無法如此了。久兵衛的鮪魚，平

70 原店名為日文平假名「みすじ」。

71 現稱「宮内廳」，為日本政府中掌管天皇、皇室及皇宮事務的機構。

均來說也沒有阿貢的好。讓人心中不得不存有一絲懷疑，不知這位「一心太助」怎麼會如此。

不過，壽司必須有好的米飯才稱得上是壽司，如果米飯的水分調整不好，便失去成爲壽司的第一步了。在鰻魚店和壽司店，米飯便是靈魂，若對米飯草率輕忽，就稱不上是壽司店。要炊出好的米飯、做出好壽司，獨自一人是不行的。爲了要處理每天早上從魚市場買來的魚、海鰻、貝類等，有許多費工的工作。像是小鰶魚或竹筴魚，這些小魚都必須經過很多手續，才能拿來當作壽司材料。要一個人處理這些，根本太過勉強。諸如此類，壽司店的準備工作非常多，沒有人像新富分店的阿貢這樣做準備工作的，光是處理這些就來不及了，因此造成了他無法將米飯炊得美味的結果。這種狀況還眞令人著急。

他一位助手也沒有，也沒有任何店員，妻子也沒幫上什麼忙。這麼一來，不可能將工作擴大。即使擁有這般技術，卻以此終了，不禁讓人覺得惋惜。如果能讓更多人吃得開心、吃得享受，會是多好的事啊。不過人的能力是另一回事，若他不願意擴張也是無可奈何。

就這一點，久兵衛全然不同。他性情闊達，人們自然會被這種開朗的個性吸引，因此不斷光臨他的店。壽司店久兵衛十分有魅力，壽司的魅力也可說是人的魅力。

但有一點不禁讓人深思，新富分店的阿貢非常深思細慮，作工也細，但做出來的壽司很是尖銳，這點很有趣。像久兵衛這樣自信的性格，也不一定會做出讓人感覺尖銳的壽司，這讓我覺得驚訝。看起來細心的人，做出來的作品卻大膽，在這點上，勇健的久兵衛就比不上細緻的阿貢。畢竟，兩人所受到的教育環境還是造成了很大的影響吧。

此外，壽司配酒吃，是戰爭之後的事了，戰前，壽司是配茶吃的。至於爲什麼有這般變化，是因爲壽司店變成設有座椅的店了。

從前沒有座椅，大家都是站著吃的。但現今就算採立食的店面設計，還是會擺設椅子。只要有了座椅，客人就會想喝酒。這是因爲戰後，到餐廳吃飯變得困難，料理也突然變得高價，因此嗜酒的人發現，以壽司配酒還能順便吃飯。

這麼一來，既能吃到各種魚，又能吃飯，以一頓料理而言非常完美。在高級餐廳無法一直點自己喜歡吃的，但在壽司店能點鮪魚、血蚶，吃到各種食材。以這點來看，選擇食物很自由。因此，壽司店提供的都不是什麼昂貴的食材。不過如此一來，與其稱之壽司店，還不如叫做自由餐廳。與從前完全不同的、嶄新的日本料理樣式，就此誕生了。

美味豆腐

うまい豆腐の話

若想吃美味的湯豆腐*72，再怎麼說，最重要的就是選擇好豆腐。就算如何挑選香辛料或醬油，如果豆腐不好，就什麼都不用提了。

那麼，哪裡才有美味的豆腐呢？不用說，就是京都了。

京都自古以來以水質好聞名，有豐富的優質水，所以能做出好豆腐。而且，京都人對於追求精進料理*73之類不用花錢的美食，可說是一流的，因此京都的豆腐很美味。

東京從前有稱作「笹乃雪」之類的豆腐名產，這也是因爲有好的地下水才製作出來的好豆腐。不過，現今地點變了，只能讓人緬懷過去繁盛的身影了。

可能因爲東京的水質差，自古以來東京人便不曾研究優秀的豆腐製作方式。因此無論是從前或現在，要在東京吃到美味豆腐，都是不可能的。而且，豆腐要吃得美味，首要條件是有好的昆布，但在東京，外行人很難買到好昆布，因此就更加困難了。

不過，京都的豆腐現今也稱不上到處都好吃了。

72 使用了豆腐的鍋料理，在鍋底加水、鋪上昆布，加入豆腐，熟了之後蘸醬汁食用。

73 指佛教中只用蔬菜、豆類、穀類製作的料理。

如今，昔日的明水之都已改用起自來水，磨豆也以機器進行，採用機械化方式製作。不僅如此，基於成本考慮，還改用品質不好的豆子（滿州黃豆）。即使是在京都，也吃不到美味的豆腐了。

但只有一家店，就位於京都的花街*74、繩手四条*75往北處，仍遵循從前的做法製作好吃的豆腐。

這間店的豆腐做法是祕方，就算想問，也得不到答案。不過我運氣好，得到老闆的認同，讓他把家傳的祕法傳授給我。拜此之賜，我能夠做出媲美正宗的豆腐。不過最重要的是，因爲我家也有適合製作豆腐的好水。

就算如何習得京都的祕法，如果沒有好水，也無法做出好豆腐吧。遺憾的是，繩手的這間店，現今已不在了。

有好水，挑選作爲原料的黃豆，製作上完全不倚賴機械，努力以手工製作，如此，我也能做出優秀的豆腐。

由於豆腐本身夠好，直接生食蘸上醬油，就很美味了，不用特地煮過。更不用說做成烤豆腐、炸豆腐或飛龍頭*76，都會好吃得令人懷疑這竟然是豆腐。

若想品嘗湯豆腐，就不得不選擇這樣的好豆腐才行。

嵯峨的釋迦堂附近、知恩院古門前、南禪寺附近的豆腐都很有名，主要是因爲每間都是拜好的水質和黃豆所賜吧。

74 聚集許多提供料理及舞藝妓表演的宴席場所之地。

75 繩手及四条兩條街道交叉口附近。

76 豆腐除去水分後，加上各種配料，製成圓形過炸的食品。

湯豆腐的材料

要做湯豆腐，需準備以下材料。

一、**土鍋**：有土鍋最好，如果沒有，銀鍋、鐵鍋之類的也可以。若還是沒有，就只好用琺瑯鑄鐵鍋或鋁鍋忍耐一下了。不過這些鍋給人的觀感不好，煮起來也讓人著急，沒有情趣。

把鍋放在爐灶或火盆上煮。

二、**杉木筷**：吃湯豆腐時，用漆筷或象牙筷無法挾起豆腐，只能用杉木筷，因為不會滑，能好好地將豆腐撈起。如果有銀的撈網就更完美了。

三、**高湯昆布**：在鍋中放入許多水，鍋底鋪上一、兩片昆布，然後將豆腐放在上面烹煮。昆布的長度約五、六寸。水滾之後，滾泡可能會把壓著豆腐的昆布往上帶，因此昆布在放入鍋底之前要事先劃過幾刀。

四、**香辛料**：切細的蔥花、蜂斗菜心、土當歸、老薑末、七味辣椒粉、蘘荷花、日本柚子皮、山椒粉等等，備齊各種香辛料，更具風情。其中不可欠缺的就是蔥花了，其他香辛料可隨興調整。

接著，用銳利的刨刀刨下薄薄的柴魚片，份量適中即可。用餐前再刨，滋味及香氣才會好。

五、醬油：沒有比上等醬油更適合搭配湯豆腐了。豆腐蘸醬油之前，可將先前提到的柴魚及香辛料加進醬油裡。豆腐上會沾上鋪底昆布的味道，因此原本就有味道。盡量不要使用化學調味料。

六、豆腐（參照前述）

此外，東京人原本就不懂美食，因此仔細享受飲食的人極少。其他地方則有不少城市及村町都受美食所惠，有志之士不妨品嘗各地的美食，細細享受。

香菇

椎茸の話

無論任何國家或地方，都有所謂當地自豪的特產。歷史、人物、料理、產物等等，隨著時代和人的不同，自豪的方式也不同。以鮮香菇來說也不例外，京都人會誇耀：「京都的鮮香菇真是好啊！」地方上的人也不服輸：「我們山裡的香菇可是不輸京都。」但不僅是鮮香菇如此，無論什麼產物，只要經過一段時間，味道就會變得差。各地的人吃的都是現摘現採的，再和久放的做比較，才會這麼說吧。無論任何香菇，放久了味道就不行，一定得是新鮮的才好。

但話雖這麼說，大分縣附近的香菇真的非常棒，可稱之日本第一吧。大分的香菇是真正從錐栗木上長出來的，皮又黑又光滑，香氣及滋味都很濃厚。關東的香菇其實並非從錐栗木上長出來，而是種在橡木上，說不上好吃。蕈傘的特性是與所生長的樹皮相似，因此橡木上種出來的香菇，蕈傘也和橡木皮一樣，若長在錐栗木上，就會跟錐栗樹皮一樣。

橡木香菇的特色是很有口感，但香氣不如錐栗木種出來的好。總之可以說沒有比錐栗木所種出來的香菇更好的了。

米

お米の話

近來不像從前常聽到像是播州＊77 的米好吃、或是一定要吃越後＊78 米這類的話了。現下只要有米就很感激了。不過即使是從前，也很少有人眞正瞭解米的滋味。

說到好吃的米，便不得不提從前在朝鮮爲了獻給李王＊79 而特地栽種的米。這種米實在好吃，雖然收成很少，但米粒形狀好，用看的便覺得漂亮。但因爲米本身太過好吃，所以不適合在以享用配菜爲目的時食用。「太過好吃」聽起來可能有點奇怪，不過米本來就是美味的東西。美味食物的極致，便是米了。正因爲美味，所以能夠每天吃。特別是好吃的米，光吃米就夠了，其他什麼都不必配。

正因此，像是咖哩飯之類，就得用稍微難吃的米才行，例如糙米。糙米與白米有著不同意義上的美味，若糙米飯加上其他配菜，反而畫蛇添足，只要有醬菜就夠了。所以就算再好吃，如果擺在其他料理之後享用，反而成了妨礙。

不過，別提一般人家了，大部分的餐廳對米飯也不怎麼花心思。餐廳如此，

77 指從前的播磨國之意，約位於現今兵庫縣西南部。
78 約指現今新潟縣。
79 李氏朝鮮時代的王室。

廚師更是如此。料理長又稱作「板前」，還眞的只是一直坐在砧板前切生魚片而已。眞正的廚師就算不自己炊飯，也應當十分注意米飯炊得好不好。畢竟好不容易烹調了一頓美味料理，如果最後的米飯不好吃＊80，便會破壞了整頓餐點了。

不過，許多餐廳都把心力花在讓人喝酒之上，因此大部分的廚師端出自己負責的料理之後，其後的米飯究竟炊得如何，便完全不在意了。這些人可說是沒有資格被稱爲廚師，但他們絲毫不放在心上，因爲他們對料理沒有抱負。

一般來說，負責炊飯的並非廚師，而是打理雜務的人。他們的工作被視爲較低階層，也沒能有好工資。這是極大的錯誤。在星岡茶寮的時代，如果有廚師來應徵，我首先會問對方會不會炊飯。卻不曾有人能夠很有自信地回答我「會」。

總而言之，米飯是最後的勝負關鍵，對不喝酒的人來說，是很重要的一道料理。

廚師卻沒有炊飯的自信，做事舉止便不會合道理，無法稱得上是對客人眞誠的廚師。但他們卻對自己的努力不足佯作不知，彷彿將炊飯視爲是有損顏面的事。竟然還有人反問我：「那麼老師你會炊飯嗎？」我立即回答對方：「我會。」

廚師似乎下意識地不把炊飯這件事看成是做料理，但米飯卻是料理中最重要的一環。不把炊飯當作料理，是在想法上有根本上的錯誤，因此才會煮出難吃

80　日本正式的會席料理當中，米飯是最後才端上的。

的飯。就像在西洋料理當中，重要的是麵包好吃與否、要如何烤，米飯亦然。因此必須改掉米飯不是料理的想法，把它視爲重要的料理才行。

所以，廚師必須注意炊飯方法才行。我敢斷言，不會炊飯的廚師，便稱不上是一流廚師。家庭主婦或侍女，對於炊飯一事的態度亦然。

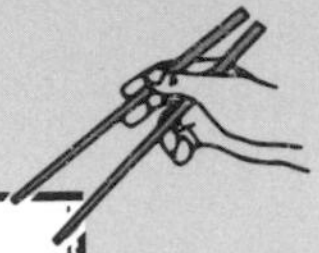

肆　一食在世界

肆—

世界食べある記

歐美料理與日本

欧米料理と日本

三月中旬（昭和二十九年）＊1，我將從日本出發，預計到美國，再繞到歐洲，現正準備中。這趟行程的目的是因爲我的陶藝作品要在歐洲各地辦展示會，以促進文化交流。但歐洲旅行的魅力，應該是在於細細品嘗正統的法國料理、義大利料理、比利時料理等吧。

我打算到了巴黎之後，在報紙上登廣告，收集關於料理的古書及食器。

不過，我對法國及其他料理，其實並沒有抱著很大的期待，可以說我「對於歐美各國的料理很失望」吧。難吃的海鮮、難吃的肉和難吃蔬菜。用這些食材做不出什麼東西，因此本來就不可能會有讓人愉悅的料理。但他們卻努力費盡心思及技術，希望做出改變。這就是歐洲及中國的著名料理。製作這些奇怪的東西，只不過是無謂的勉強，甚至可說是愚蠢，還會讓人看出人心的不知變通。就算吃在口中習慣了，也無法期待有讓人眼睛一亮、心感喜悅的美感。

美國的人工料理，我連試也不想試，但歐洲料理多少還值得試試吧。

至今只醉心於外國的傢伙，其實很多都不瞭解日本。由於他們很少眞正體

1　一九五四年。

驗過，因此不理解日本料理的精髓。會做西餐的湯，卻不會煮味噌湯。分辨得出麵包的好壞，卻不懂米飯的味美。這就是現今的日本人吧。我希望日本人能看清日本的食物，理解日本的好。我可說是抱著這樣的念頭，才到歐洲四處品嘗的。我希望大家能夠對歐美料理有正確的理解，不要因爲誤解而給予過高的評價，不要因無故的厭惡而迷失本質。因此，我想用我的味覺、用我的視覺，直接將所嘗所見，完全表現給大家。

所謂食物，是滋養人們身體的餌食，也會影響心理狀態，使人大方，使人貧乏。食物便是以此爲原動力而存在的。

日本料理幸得無數豐富食材，美味包山包海。不需要什麼工夫，首先就能讓人在視覺上感到滿足。嗅覺、味覺也都很享受。日本眞是受惠於豐富的食材。法國、義大利可有日本這般多的海鮮？我想親自確認品嘗，因此才有了這趟旅行，可以說這就是我造訪歐洲的樂趣之一。歐美不像日本有吃生魚片的習慣，不用說，是因爲沒有能夠生食品嘗的魚類吧。連美國人都以生食牡蠣感到自豪，這正說明了只要好吃，他們也可以接受生食。甚至可以想像，在不久的將來，外國人到日本都是爲了想嘗試日本的生魚片。

不過，我的這種想法究竟是對或完全錯誤，現今仍無法說得太肯定。也正因此，才更令人期待。

現今我能夠斷言不會出錯的，是關於「美」這一點。法國羅浮宮美術館的館長喬治·薩赫（Georges Sarre）也對我說過同樣的話，他表示，日本料理給視覺帶來的美感是絕對的，真的非常美。食器的美、擺盤方式及設計、所處空間之美，可說是世上無與倫比。關於這一點，在歐美料理上怎麼也見不到。可見日本的料理文化十分進步，備受認同。

夏威夷牛蛙

ハワイの食用蛙

小島政二郎*2 君：

關於我作品展覽會的情況，下次我會和新聞報導一起寄出，再請你一起讀。我想在此和你粗略聊聊我在美國所吃的料理。坐上飛機抵達夏威夷後，與田先生來接我。他帶我到他在檀香山大道上經營的「城市燒烤」，這是我在美國的第一餐。端上來的，是用橄欖油炸的牛蛙腿，非常好吃。

日本也有不少牛蛙料理，我不曾覺得特別好吃，但在「城市燒烤」吃過之後，讓我對牛蛙有了新的認知。因此到了美國本土之後，我抱著興趣，只要有機會就吃。但是，在舊金山和芝加哥吃到的牛蛙都不怎麼樣，感覺美味的就僅限於在「城市燒烤」吃的那次。

令人意外的，夏威夷是個食物美味的地方。阿羅哈機場的冰淇淋和咖啡都非常好吃，有韻味、又濃厚，我不曾吃過那樣好吃的冰淇淋，現在還難以忘懷。夏威夷的咖啡也很好喝，可能是風土及氣候的關係吧，造就出頗爲上等的咖啡。而且牛奶的味道也很棒，這眞是最近發現的寶物。

2 一八九四至一九九四年，小說家、散文家。

在舊金山，來接機的人帶我去了一間叫做「石窟」的義大利料理店。因爲就位在魚市場附近，我猜想味道應該不錯。果然，這裡的龍蝦美味得讓人覺得搞不好還比日本的龍蝦來得好。特別是這裡的沙拉很棒，尤其萵苣清脆，味道也足，這是在日本怎麼也吃不到的東西之一吧。

不過在國外，無論是哪個國家的料理，在食器及擺盤這一點都不及格。無論是如何一流的店家，使用的食器都很無趣，甚至完全不注意擺盤，只是將鍋子或平底鍋上的料理「啪！」地隨意倒進盤子上，完全不在意。對於視覺上的美感完全沒有感覺，這點讓我驚訝不已。關於這點，日本料理對於擺盤等的水準之高，是世界上無與倫比的。在日本人的食物美學當中，認爲食物不單只是舌尖上的味道而已，還必須取悅所有感官。這樣的飲食美學，實屬世界上的最高層次了。當然，店面的美觀和整潔是首要條件，不過美國料理頂多只做到這樣的程度，不得不讓人感到深度不夠。

在舊金山飛往芝加哥的飛機上所供應的果汁很好喝，日本所販賣的果汁，根本稱不上是果汁。萵苣也很好吃，因爲這不是來自美國，而是來自義大利。

還沒吃到好吃的牛肉、豬肉以及魚。關於芝加哥，容後再述，先暫且寄出以上內容。四月三十日，匆此。

於紐約喬治王子飯店

美國牛肉與豬肉

アメリカの牛豚

小島政二郎君：

接下來繼續聊聊芝加哥。在芝加哥時，我還去了一間愛爾蘭人經營的餐廳，這裡的主打是波士頓龍蝦＊3料理。

這裡有像水族館一樣的玻璃箱，當中灌滿鹽水，就是養波士頓龍蝦的地方。這裡的點餐方式是讓客人透過玻璃箱選擇喜歡的龍蝦大小，然後立刻抓來烹調。不過這裡的味道不如我在舊金山的「石窟」（義大利料理店）所吃到的龍蝦。波士頓龍蝦的頭很大，我猜想搞不好蝦膏會很好吃，嘗過之後一點也不好好，蝦肉也太過緊實而沒有味道。

至於紐約，當地人最初介紹我去的也是愛爾蘭料理餐廳。店內採自助式，有事先做好的肉及沙拉，客人只要到陳列處就能隨喜好自由取用。這麼一來，堪稱料理靈魂的「新鮮度」已消失殆盡，甚至讓人覺得不乾淨，讓我沒什麼食慾。因此，我特別點了現做的牛排，結果日本的牛肉比這好吃多了。只是這裡的燒烤方式比想像中的還好。令人驚訝的是，這裡的牛排大小是日本的三倍大，

3 屬於龍蝦類，不過龍蝦沒有螯，波士頓龍蝦則有如同螯蝦一般的大螯，螯的大小大概是身體的三分之二大。

兩個人總共花了十三塊五美金。

大致上，美國的牛豬類的肉都不好吃，頂多只有小羊的側腹肉算是合格。牛奶和雞蛋也不怎麼好。

對於紐約最初的印象，是美國人的食慾很旺盛，以及他們吃東西的方式非常機械化。

例如在曼哈頓，街區其中一個轉角必定會有藥局。一如所知，這裡不只有賣藥，從郵票、日用雜貨，到蘇打水和冰淇淋都有，還供應簡單的食物。藥局左側，許多都是櫃台式的餐館。仔細瞧會發現，客人大多點的是漢堡、蛋糕加上柳橙汁一類的，迅速吃完後，又跨進紛擾的人群當中。

在這裡想要吃飽，花不到兩塊錢美金。以早餐來說，土司十分錢、培根蛋三十分錢，加上咖啡二十分錢，就已經很夠了。

在紐約有間義大利料理餐廳叫「Marki」，這裡的酒和香腸很美味，值得我大書特書。特別是一種叫鱈鰻(鱈魚類)的魚，用炸的，真令我難忘。肉的鬆軟度剛好，原來國外也有這麼好吃的魚，我不禁佩服。這種魚的大小大概是一尺五寸到兩尺左右。

說到魚，在聯合國大使澤田廉三*4 公館受款待的鱸魚生魚片，其美味程度在日本也很少見。

4 一八八八至一九七〇年。於一九三五年轉任紐約。

在這裡有間著名的日本料理店「都」。我點了壽喜燒，但端上來的卻像是相撲力士所吃的相撲火鍋*5一樣，所有東西煮成一堆，真令人驚訝。一問之下才知道，老闆是新潟出身的，完全不瞭解東京和京都。我示範了壽喜燒的做法給他看，他眼睛盯得老大：「咦，原來壽喜燒是這樣做成的啊。」

呵呵。

五月二日將前往倫敦。

於紐約喬治王子飯店

5 鍋料理的一種，原本是為了培養相撲力士的體格而開發的，特色為份量大、內容豐富。

丹麥啤酒

デンマークのビール

小島政二郎君：

前往倫敦的途中，爲了等待氣候好轉，在加拿大的鵝灣機場等待了十二小時。早餐供應給乘客的培根很好吃，是我在美國、英國、法國等地吃過的培根當中最好的。

五月四日零晨一點抵達倫敦，停留了三天。英國的艱苦生活和日本完全無法比較，是豐裕且甚至令人羨慕的。的確，英國人表面上和實際上都很儉樸，但這是對英國人來說，在日本人眼中看來，眞是令人羨慕的生活。以海德公園附近的百貨公司爲例，裡頭的商品盡是高級的東西。

倫敦人走路很快，充滿行動力。一直以來，英國的食物總是被視爲難吃，但我實際看了之後，和聽聞的很不一樣。這裡不愧是有悠久歷史的國家，在料理的層級上，美國等完全無法與之比擬，什麼都很周到，味道又好。

到了倫敦後，我最想嘗試牛排，非常期待。但可惜的是，當地的肉還是採取物資配給制度，我無法如願以償。但我離開倫敦後沒多久，制度就解除了，因此我心想是不是還要再去一趟倫敦。

喜愛啤酒的我，現在仍然每天都喝。離開日本後所喝到最美味的，是紐約一家俄國餐廳所端出的「Tuborg」這種丹麥啤酒。這種啤酒很有韻味，不僅比日本的任何啤酒都還要好喝，也比美國、英國、德國、捷克斯洛伐克、法國的啤酒都還美味。美國的「Schlitz」啤酒，也比日本的麒麟好喝。

在美國的日本啤酒，和罐裝的美國啤酒一樣難喝。來到這裡，我才瞭解啤酒也是新鮮的最好，在美國喝到的德國啤酒也不如評價中來得好喝。

這可能是因爲長途跋涉，又坐船又搭火車的，使得啤酒當中最重要的東西消失了。我一直以來都認爲「比起大瓶啤酒，小瓶的才好喝」，到了這裡之後，總算確認了我的想法是對的。離開日本後才發現，不論任何國家，啤酒都是小瓶裝的，日本也應該盡早改爲小瓶主義才是。

五月七日抵達巴黎。法國的啤酒特別難喝，可能是因爲法國沒有好品質的水吧。捷克斯洛伐克的啤酒聞起來和喝起來，都有點像是中將湯的味道。德國的啤酒也沒有評價中來得好喝。現在的我覺得，根本不必爲了這種程度的東西特別跑到德國。

下一封信總算要提到法國料理了。

五月十五日，於巴黎蒙帕納斯皇家飯店

關於法國料理

フランス料理について

法國料理的聲望被誇大評價爲世界第一，超過半個世紀以上，日本人對此深信不疑。這是被派遣到法國的官員們傳遞給我們的觀念。仔細想想，這些人都還太年輕，只是一些對日本料理如何發展至今一無所知的傢伙。推測至此，便覺得感嘆，而事實也未必不是如此。

上至大使、公使，下至貧窮青年畫家，無庸置疑地，不可能每個人都通曉日本美食。這些人都不曾認眞體驗過日本料理的眞正價值，看來也不曾在意過。而似乎就是這些年輕人胡亂且誇大地向日本人宣揚法國料理，也就是所謂初生之犢的一群人。

恕我直言，但透過這次的旅行，我總算把這件事弄清楚了。自我嘗試之下，法國料理的發展是毫無價值並且幼稚的。對於必須擁有巧妙技巧及纖細魅力的「味道」，我始終沒能在法國料理中發現。問題不只在於味道，首先讓視覺感到喜悅的「料理之美」也完全被捨棄了，只讓人感到無限寂寥。

像美國這般的新國家也就算了，但像法國、義大利如此以料理聞名之國卻這副德性，讓我感到意外驚訝。也不是完全沒有裝飾，但總的說來非常幼稚笨拙，根本等同兒戲，實在出乎我的意料。

以人的「味覺」爲例，分作一級、二級、三級等，大致可以分到十級左右吧。好吃或難吃因人而異，等級也會差上許多。即使甲覺得非常好吃而喜愛，乙卻大喊完全不行的情況也很多，這是嚴格品嘗與不怎麼嚴格之間的差異吧。更有人是在美食之路上累積許多辛勞與努力，因此無法一概而論。

法國料理之所以不如世間莫名評價得如此好，也有其原因。

接著就來說明其道理吧。總的來說，若任何事情都能從根本來理解，就可以省下只在枝微末節上求取其道而白費的力氣了。

首先是「食材」不好。料理的好壞，原本就是指食材的好壞。一直以來就不會有任何料理方法能將「難吃」的食材導正爲好吃的。

想將「難吃」的東西變爲好吃是完全不可能的，這是不變的法則。

我這趟所嘗試的料理，包括美國、英國、法國、德國、義大利，每個國家都是以肉食爲主。不過這些肉食國家很不可思議地，竟沒有如同日本一般的優質牛肉。歐美料理當中廣泛使用的食材，大部分都是令人不予置評的劣質牛肉，也因此不可能做出美味的牛肉料理。

其次，沒有魚類。雖然也不是完全沒有，但和日本相較之下，大概可說是一百比一的程度。既沒有肉也沒有魚，而且技巧幼稚拙劣，完全不懂料理之美，男服務生也缺乏規矩及做法，結果料理頂多只靠橄欖油撐場面。

此外，法國料理所用的餐具是世界上一般可見的西洋餐具，沒有任何特別表現出法國風格的東西。我不清楚從前狀況如何，例如四百年前的中國，餐具非常優美，法國及義大利是否也是如此？我也沒能在巴黎的骨董店找到類似的東西。餐具與料理的價值關係非常密切，這點無庸置疑。但法國、義大利的狀況也是如此嗎？料理不能劣於餐具，餐具也不能劣於料理，這才是箇中道理。現今，法國料理會不合道理，是因爲料理界的亂象吧。無論原因如何，我從法國料理當中，可說幾乎什麼都學習不到。這也說明了其料理文化的低落，而根本就在於料理素材的貧乏。無論何處，最重要的在於「好水」的有無。缺乏好水做不出什麼料理，這是衆所認同的事實。而巴黎就是沒有好水，巴黎人民飲用的，是比啤酒高價的瓶裝水。

其次，食肉民族卻沒有好的肉可吃。法國人常吃羊肉及馬肉，雖然這裡的豬肉好得能與鎌倉匹敵，但雞肉用的是春雞，以食用雞而言並不推薦。此外，以拙劣料理方法煮殺的海鮮，種類和日本相較，大概是一百比一或二左右的程度吧，蔬菜亦然。如此完全滿足不了身爲饕客的我。

雖然說得概略且抽象，不過法國料理大概就是這種程度吧。法國人連蝸牛都覺得稀有，還不斷喝著價値只有日本酒一半的紅酒。對此大爲讚賞並以此爲傲的一群偏見的傢伙，正是日本的熟客。究竟要到何時，他們才能用自己的見地來觀察事物、用自己的味覺來品嘗呢？嗚呼。

壽喜燒與鴨肉料理

——西餐雜感——

すき焼きと鴨料理

昔日離開日本之前，聽聞許多關於法國鴨肉料理的種種。當時我暗自心想，關於這些大多都是對西方國家的讚美，大家並不瞭解眞實狀況。好心告訴我法國如何、美國又如何的人們，事實上都不太清楚日本的狀況，所以這些談話從一開始就有偏差了。

這些人身爲日本人，卻不瞭解日本，到了國外，也無法告訴他人日本的狀況。

這對日本來說是很大的損失，對外國人來說也是損失。

提到日本特色，就只知道拿富士山和藝妓、或是到奈良餵鹿吃仙貝等自傲而告訴他人，如此一來，對方當然不可能藉此瞭解日本，更別說會瞭解日本料理了。

例如，壽喜燒一直以來都在紐約相當知名，去吃過才發現，那根本稱不上是壽喜燒。在像桶子一般深的鐵鍋裡，把菜葉堆得如山高，再放上幾片看起來就很難吃的肉，煮成一團。

對此，瞭解日本的美國人吃得很開心，狼吞虎嚥地像是在餵鴨一樣。賣壽喜燒的男老闆是新潟縣出身的，不知在哪裡、用什麼方法搭上了移民船，到紐約從事勞動工作。後來憑著他人的指眼，開始賣起壽喜燒。聊過之後發現，他絲毫不瞭解新潟的城市或東京。當然，以他的狀況，也不可能擁有任何烹調道具。他的店面裝飾得宛如鄉下的博覽會，屋裡貼滿了複製的浮世繪。

我把老闆叫來，教他真正的做法，他佩服地說：「原來壽喜燒是這樣的東西啊！」

再提到法國的鴨肉料理，告訴我的人也只是聽說過而已，實際上似乎並沒有吃過。再怎麼說，一隻鴨要價一萬日圓，這可是會讓人一開始就敬而遠之，不是讓人吃興趣或單純享受的。

在當地，日本人去的地方是遠離繁華街道、類似居酒屋一般的小店。而且，在這樣的小店用餐必須抱著「學習」的心態，因此無法自由點餐或提問。

像鴨肉料理餐廳「銀塔」（La Tour d'argent），建築富麗堂皇，身著正式服裝的服務生態度從容大方，在這種店，會令人連氣都不敢吭一聲吧。

我是和畫家荻須高德*6 夫婦，以及小說家大岡昇平*7 一同造訪「銀塔」的。一眼望去，比起法國人，外國人似乎來得多。由於我還在旅途當中，而且

6　一九〇一至一九八六年，日本洋畫家。

7　一九〇九至一九八八年，小說家、評論家、法國文學翻譯家。

價格又高，所以我們打算只點一隻，大家分著吃就好。身著晚禮服的服務生從銀盤上光溜溜的鴨子身上取出了湯汁。

不久，服務生將煮得半熟的鴨子送上桌，旁邊放有一張寫著二十四萬三千七百六十七號的號碼牌。他只讓我們看了看，就把號碼牌留下，把鴨帶走了。

我拜託接待我們的人說：

「那樣不會好吃的，會像在吃剩下的肉渣一樣，只是在肉渣上澆了好吃的湯汁而已。其他客人可能可以接受，但請叫他把整隻鴨端過來我們這邊。」

服務生聽了幫我們導覽的荻須先生的話，只是笑了笑，沒有意思要把話傳給服務長。我又說了一次：「我們付錢來餐廳吃飯，有什麼好顧慮的，我們可是客人呢，你再好好地跟他說一遍。」

此時，我有生以來第一次演了一齣戲。我請導覽的人幫忙翻譯：

「這位客人住在日本東京近郊，家門前有個很大的池子，池中養了大中小數千隻的鴨子。他是有名的鴨子研究家，對吃鴨子的方式以及鴨肉料理非常講究，尤其以研究家的身分聞名。他說他不喜歡你們烤鴨的方式。」

我不知道他翻譯得好不好，總之出乎意料地，對方直接就把把鴨肉拿來了。果然，鴨肉正好處於半熟的狀態。這麼一來正好。我從口袋拿出準備好的播州龍野*8 淡味醬油和山葵粉，用杯子裡的水將山葵溶解，再用桌上的醋調和。我

8 兵庫縣龍野市。

的吃法似乎引起他們的興趣，身著晚禮服、姿態威嚴的服務生們像座黑山似地在桌前排排站，直盯著過程。我不是刻意炫耀，但在這般注重形式的店內，用這種方式吃鴨應該前所未有，也難怪排成一列的服務生們會很在意了。

大岡先生之前待在紐約很長一陣子，他高興地說：「好久沒有吃到日本的味道了，我好像又活了過來。這讓我重新思考了日本的好。」

不過，端上來的葡萄酒卻不好喝，難喝得令我懷疑這是否眞是葡萄酒。但這也是理所當然，因爲是一瓶七十圓左右的便宜東西。

我不喜歡這種廉價葡萄酒，問對方：「有沒有上等的白蘭地？」

對方回答：「有的，請往這裡來。」然後帶我們到了地下室。

我一看，這兒躺著好幾萬瓶積著灰塵的葡萄酒。我們在酒窖等了一會兒之後，有個像是經理的人來了，他對我們說：「您特地光臨，我們倍感榮幸。」

他拿了一瓶白蘭地出來，非常好喝。

「如果您喜歡，請儘管享用。這份禮物是我們的心意。」

這白蘭地的確上等，同行的人很稀奇地喝了幾杯，我不太開心地責備道：

「雖然是禮物，但喝到盡興就是日本人的恥辱了。」

法國人也是十分有禮節的，雖然說是知名餐廳，但也不必沒來由地害怕。

順帶一提，前面不斷提到鴨子，那是因爲從前日本人把家鴨及鴨搞混了吧。

「銀塔」的鴨，其實指的是家鴨。

配著山葵醬油吃的家鴨，以家鴨來說，算是相當美味的了。

伍—香辛料與調味料

伍—香辛料と調味料

山椒

山椒

如同所知，山椒這種味道刺激的食材擁有香及辣兩種極好的特色，因此成年人大多會喜歡，在日常食膳上很受歡迎。不少人知道實山椒佃煮＊1，但應該很少人知道實山椒也能拿來做成醃味噌醬菜吧，這點很是特別。

丹波的朝倉山椒＊2自古以來便很有名，不僅常被當作貢品，也是大名們的愛用品，因此流通甚廣，被視爲珍品。當時所使用裝山椒的容器是容量大約有五、六升的壺，現今已成了有數萬金身價的骨董品。

將嫩的實山椒醃漬在「辣味噌」當中，醃個三年，不僅能當作下酒菜，若拿來當茶泡飯的配菜，沒有比這更好的了。山椒若不是嫩果實、嫩芽，便沒了價值。以茶來說，就像要有玉露＊3般上等新芽的爲佳。

1 「實山椒」又稱「青山椒」，未完全成熟的山椒果實，最為辛香。「佃煮」為調理方式之一，以醬油及砂糖煮成的甜鹹口味，常用來製作佐飯配料。

2 原產於兵庫縣養父市八鹿町朝倉地區。

3 日本綠茶的一種，為煎茶類的最高等級。

日本芥末

日本芥子

每次看到西洋料理或中華料理旁邊附的芥末，我都沒什麼興趣。若是加在日本料理之上，更是如此。

所謂的西方芥末，根本沒有最重要的辣味，連該有的香氣也沒有。同時具備辣味及香氣的，就屬日本芥末了，而且很便宜。這麼說來，究竟爲什麼大家都喜歡西方芥末呢？我完全不理解這種心態。西方芥末沒什麼活力，就像是拿麵粉和芥末粉混合而成的一樣，究竟有什麼好的？

的確，日本芥末必須在食用前先溶解，有些麻煩，所以不大討喜＊4。但只要把芥末粉放進杯子裡，上面鋪一張日本紙，加一些熱水，再放進灰或是燒著的炭火之類的，不就好了嗎。

不過，日本芥末的顏色不如西方芥末美麗，看起來沒有質感。這一點如果能夠加以改良，就品質來說，就能勝過西方芥末了。

若不嘗試這般既美味又有效果、又便宜的東西，便是對食物的見識不足。這種不改陋習的蠻橫，讓人不得不責備。

4 日本古來的芥末製法及用法，是將芥菜種子磨成粉末，使用前必須先以水調和。

只要試著在牛排上加一次日本芥末，就會發現有多麼好吃。只把日本芥末用來搭配關東煮或納豆等，太過可笑了。

這不只是單一事件而已，大抵說來，只要提到西洋食物，大家就覺得什麼都好，這種習慣是不行的。希望大家要能有足夠的見識，在與西方人面對面同桌用餐時，告訴他們日本芥末勝過西方的優秀之處。

煮高湯的方法

だしの取り方

柴魚該如何選擇、怎麼刨呢？首先，我先介紹簡單的柴魚挑選方法。好的柴魚，將柴魚與柴魚互相敲擊時，會有「鏗鏗」的聲響，就像是在敲擊木頭或石頭一樣的聲音。如果像是在敲被蟲蛀過的木頭，發出「叩叩」的聲響，又有潮濕的味道，就是不好的柴魚。

至於「本節」或「龜節」，則是龜節比較好＊5。這種魚雖然體型較小，但做成生魚片正恰當，當然做成柴魚也很好吃。看起來較大的本節，味道其實很普通，因此價格比龜節要來得便宜。

接著是刨柴魚的方法，首先要有銳利的刨刀。刨刀若不利，刨柴魚就會變得很困難。若用起了紅鏽或是鈍的刨刀奮力刨削，就算值一百圓的柴魚，也會被刨成只有五十圓的價值了。

要怎麼刨，才能煮出好的高湯？刨下來的柴魚，必須有如雁皮紙＊6般單薄，如玻璃般有光澤。若非如此，將無法煮出好高湯。刨得不好的柴魚，煮出來的高湯是死的。想煮出鮮活的高湯，就必須使用上等又銳利的刨刀才行。煮

5 「本節」與「龜節」指鰹魚切割方式。較小的鰹魚會被製成「龜節」，是將鰹魚切割為三片，背部和腹部不再切開、形狀似龜殼而得名。較大的鰹魚會被製成「本節」，先切割成三片之後，再將肉沿著背部及腹部中央切成兩半。

6 和紙的一種，以瑞香科植物雁皮木為材料製成。

高湯時，將柴魚放入滾得冒泡的熱水瞬間，高湯就已經煮好了。如果將柴魚一直放在滾水裡不斷地煮，非但不會煮出好湯，反而有損味道。也就是會煮成所謂的「第二道高湯」*7，這樣是不行的。

所以我建議，首先要擁有刀片銳利的平台刨刀。柴魚刨得薄，才能省成本又有效率。

而且我推測，一百個家庭當中，有九十九個都沒有好的刨刀。就連教授料理的人都沒有了，一般家庭想必也不會有。這麼推想沒錯吧。

接著，必須讓刨刀隨時保持銳利。但外行人不太會磨刀，只要請木匠或專業的人幫忙磨就好了。此外，也有專門幫忙磨刀的店。若不像木匠的刀一樣隨時保持銳利，等到要做料理時才手忙腳亂，這是錯誤的。

日本有許多柴魚，因此不怎麼備受重視，但在國外就不一樣了。外國人不知道鰹魚，當然也不知道柴魚，只會用牛奶、奶油、起士之類的來做料理。但這樣的做法卻受限很多，因此，有柴魚可用的日本人真的很幸福。所以要心存念頭，利用柴魚更有效率地製作美味料理。柴魚不僅味道好，又有營養，只要挑選好食材，便可煮出世界上無與倫比的好湯。

但如果欠缺柴魚的知識，連刨法以及刨了之後該怎麼用都不知道，這是很丟臉的。甚至連刨柴魚的道具都沒有，這是根本上的錯誤，必須好好檢討。如

7 日文原稱「二番だし」，指的是以同樣食材再一次煮出的高湯。

今會用刨刀刨柴魚的，只有餐廳了，大部分的人只是將就於連道具都沒有的方式。而近來，就連餐廳也用起了現成的柴魚片了。柴魚片也有各式各樣，如果是最上等的倒還可以，但柴魚片還是現刨的好，放久便不好了。

就算有刨刀，也常常是不銳利的。用了這種刨刀然後刨不好，還不如不要做日本料理算了。

不只是料理如此，無論做任何事，本當想做便要做得徹底，否則就無法達成。話雖如此，在這種情況下，如果要仿效餐廳用玻璃來刨柴魚實在很危險*8，用量多的話也刨不及使用，所以很多人會勉強用不利的刨刀。但勉強之下的結果，味道是死的。想讓味道鮮活，就只有靠銳利的刨刀了。

若各位手邊沒有刨刀，我建議乾脆一股作氣添購木匠使用的刨刀。木匠用的刨刀價格說來也不算貴，還能長久使用，並不會不划算。總之，不要認爲自己不會磨刀，最好早一刻改掉使用假刨刀的行爲。

那麼，若是用昆布來煮高湯呢？在東京，除了一流餐廳以外，這種方法似乎不怎麼爲人所知，這可能是因爲東京人從以前就沒有使用昆布的習慣吧。昆布高湯其實很美味，魚類料理只能搭配昆布高湯，若用柴魚高湯，魚味便有兩層，再怎麼做都不會好喝，味道重複反而過膩。使用昆布煮高湯，從前是由京都開始的。眾所皆知，京都是千年都城，基於現實所需，人們甚至將北海道生

8 日本早期的餐廳會以玻璃碎片來刨柴魚。

產的昆布，大老遠送到京都這個深山當中，用來煮昆布高湯。

煮昆布高湯時，首先用水將昆布沾濕即可，大概放個一、兩分鐘，當表面感覺因水分膨脹之後，用自來水，不要「唰」地大力沖洗，而是一滴滴地加到昆布上，一面用指尖小心地撫摸，將表面的沙及髒東西除去，然後將昆布放到熱水中涮過即可。各位也許會擔心這樣是否能煮出高湯。想知道是否有出味，試喝看看便知道了，就算看上去無色透明，也已經煮出美味了。至於要放多少的量，只要實際試過就會知道。想做鯛魚湯的時候，這種高湯絕對少不了。

如果覺得將昆布涮過撈起很可惜，而一直放在滾水裡煮，這是愚蠢至極的行爲。如此一來會將昆布底味的甜煮了出來，便不再是清爽的高湯了。在京都有種稱作「涮昆布」的方法，從鍋子的一端放入長長的昆布，涮過之後再從鍋子另一端拉起。這種謹愼的方式，無論是如何囉嗦的老饕，都不會有抱怨吧。

淡味醬油

薄口醤油

今天想簡單地談談淡味醬油。要做出美味料理，醬油非常重要。

東京人大多使用濃味醬油，但我希望各位能夠再多加思考。關西的料理主要使用淡味醬油，不過在關東，自古以來所流傳的江戶料理便是使用濃味醬油，人們甚至連淡味醬油的存在都不知道，因此幾乎沒用過關西龍野*9的淡味醬油。這對東京人的口福來說非常很遺憾。這件事非常關鍵。

近來，關西的料理也漸漸滲透到關東了，江戶前料理漸趨衰退，原因之一可說是因爲關東人不懂得以淡味醬油來調味。總的說來，淡味醬油特色在於不會扼殺食材的原味，而東京的醬油則有抹殺食物原味的危險。此外，在視覺上，淡味醬油比較白，能讓煮過的食物外表較美、不會變黑。東京的醬油很黑，有些食材可能會因此失去外觀上的美。擁有敏銳味覺的廚師，必定會使用淡味醬油。

基於以上理由，若想做出纖細的料理，就必須使用淡味醬油。淡味醬油還比濃味醬油便宜許多，又好吃。若沒有淡味醬油則情非得已，但這是隨處可得的，因此大家必須重視淡味醬油並對其改觀才是。

9 位於兵庫縣西南方的一個城鎮，有日本醬油發源地之一的美譽，以生產淡味醬油為主。

一般做湯品時，在東京，由於人們不知道有淡味醬油的存在，所以會用鹽來調味。這也不能說完全不好，但會煮出又鹹又沒有味道的食物。雖然這也是一種風味，卻無法超越淡味醬油。烹煮東西時使用濃味醬油會讓味道太重，無法做出清爽高雅的味道。我建議今後做料理時，請一定要使用淡味醬油。

淡味醬油有非常白的種類，也有像是在水中加入一滴濃味醬油般呈啤酒色的種類，還有比這更濃的，這種味道最好。在東京也不是完全買不到淡味醬油，築地本願寺前的食品市場有間名叫「大藏．京橋」的特殊食品專賣店應該就買得到了，其他應該還有店家有賣。正如我常說的，淡味醬油比東京的醬油便宜，又含有鹽分，成本只需花上一半。實際上，淡味醬油味道比濃味醬油還好，又有效果，我誠心建議一定要嘗試看看，效果之好，甚至會令人不用這種醬油便無法做料理了。當我想做美味料理時，若少了淡味醬油，就無法做出好料理。

但意外的是，東京的醬油也已經滲入京都、大阪了。這是因爲人們對於料理沒有自覺才犯下的錯誤，使得全日本的料理變得胡亂一通。更甚者，最近又流行起所謂的化學調味料，讓味道混亂了起來。單純的化學調味料之味會扼殺食材的原味，可說是非常愚昧。不看清好東西，卻讓壞東西流傳，這種狀況不僅限於料理而已，如此傾向，現今已蔓延到日本的所有面向上，而這樣的現況也造成了日本的價值低落。從事料理的人，必須對料理有更深的自覺才行。

化學調味料

化学調味料

化學調味料近來被大力宣揚，但我不喜歡化學調味料的味道。廚師若將化學調味料放在手邊，便會因怠惰而過度使用，這將會給味道帶來災難。我的廚房中完全沒有化學調味料。依照使用方法，化學調味料有時也適合拿來用在配菜上，但這種做法在講究料理的純粹之味上，根本無法相提並論。現下，若想追求純粹之味，最好盡可能不要使用化學調味料。在我的經驗中，化學調味料會降低上等料理、優良料理的味道，而且會將味道變得單一，並非好事。昆布也好、柴魚也好，以這些高湯來調出自己的味道，才是最好的做法。

就算化學調味料有多好，每種食材都有各自千差萬別的原味，可說是用人類的力量無法改變的。不可能以化學調味料的單一味道，調味出日本料理、中華料理和西洋料理。若想調出不同味道，只需自由地利用食材各自的原味，再補充砂糖、醋、酒等等即可。

不過，化學調味料能讓死的味道死而復生，某種程度上來說是好的。我手邊有一罐一百公克的化學調味料，用了三年還沒用完。我想，搞不好眞正活用化學調味料的只有我而已吧。我會將化學調味料用在宴客料理或是自己吃的料理上，活用得非常巧妙。

使用化學調味料，對懶惰的人來說正是好。但其實我想說，這些人正是造成味道程度低落的元凶，這些傢伙可說根本不瞭解化學調味料眞正的活用方法。

從前我在星岡講授料理時，「味之素」的社長夫人曾要求也想加入一起旁聽。由於我在講授時曾表示「盡量不要使用味之素，會糟蹋了料理」，我想對方應該無法忍受在席上聽到這番話，所以我託人傳話請她放棄。

日本的食材有天賜的好味道，這些都是天然的，因此可以無條件地永續下去，不使人厭倦。希望大家都能認知這些天賜的自然之味，並且思考如何靈活運用。

這些食材不像化學調味料一般呈粉末狀，無法直接倒在碗裡，卻有滋味，又有營養價值。雖然費工，不過若想使用化學調味料，我建議還不如活用這些自然風味來做調味。

廣播、電視當中那些對料理認識不足的料理研究家，一股勁兒地倚賴化學調味料，實在讓人覺得不妥。

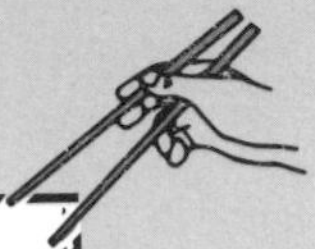

陸—各式滋味

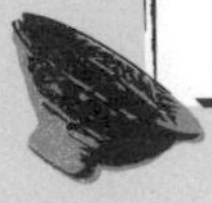

陸—

ところどころ

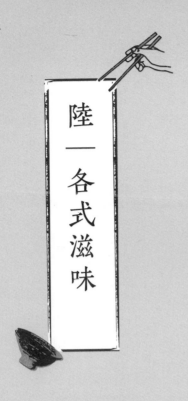

筍是季節之味

筍は季節の味

筍子罐頭沒有資格成爲一流日本料理的材料，不過作爲二流以下料理的材料來說，在日本及中華料理中經常可見，因此某種程度上也可稱之爲美食材料的座上賓吧。

二十四孝當中的孟宗，爲了母親而在雪地挖掘竹子的芽，也就是掘竹筍。這個故事很有名，但其實筍子在雪期之前就已經萌芽了，以筍子的成長時程來思考，並不算是不可思議的事。

京都大阪的一流餐廳會在筍子季節結束前，將現採的筍子端上桌。滋味雖然比起盛產時期遜色些，卻有種令人難捨的風味，十分具有價值。

依照產地不同，筍的風味差異甚大。原本，京阪就是主要產區，關東則不算是產地，所謂的「目黑筍」*1 不過是名字響亮而已，根本不好吃。在京都，洛西的樫原*2 自古以來便稱第一，現今在那附近還有一個稱作「向日町」的上等產地。

洛東南邊的伏見稻荷山有孟宗竹叢，近來出產的品質不錯，不輸樫原，值

1 產於東京都目黑區的竹林。

2 京都市西京區的一部分。

得誇耀。不過以我的經驗來說，還是樫原的品種優良，咀嚼中有明顯的甜味，香氣濃郁，而且沒有纖維，會在口中化開來。

若是趁著當季享用，本是非常美味之物，但近來餐廳增加，許多人以餐廳爲販賣對象，挖掘像是二十四孝裡面所挖出的雜筍，也就是所謂的嫩芽(約四、五支一百錢左右重)*3。結果到了筍子產季，竹叢中竟然一支也沒了，使得一般家庭都見不到當季的產地筍了。

將燙過的筍子長時間浸在水裡，這是不懂滋味的人所做的事。若是從產地剛挖掘出來的，就不應先用水燙過，而是直接煮，才能品嘗到尚未流失的味道，許多京都人都是這麼做的。若煮過放冷，雖然白色的霜*4會跑出來，但京都人對此一點都不在意，就這麼直接享用。至於煮新筍時以醬油、砂糖煮到筍子入味的這種方法，實在有必要再多斟酌。

久放的筍或罐頭筍可以這麼處理，但剛採的筍，好吃的祕訣則是不要讓湯汁煮進筍中，維持筍肉的白色才是。這麼一來，就能讓筍子本來的甜味及香氣鮮活了起來，讓人感受到品嘗春日鮮蔬的喜悅。不過關東的筍不如產地的好，因此依筍子的狀態，還需要各人再下工夫。孟宗筍季過後，還有「淡竹筍」、「矢竹筍」、「桂竹筍」，不同於孟宗筍的粗味，展現出纖細滋味，實具趣味。

3　約三百七十五公克。

4　筍子上的白色物質為酪氨酸的結晶。

俊俏的初鰹

いなせな初鰹

初鰹出鎌倉　仍舊確保一條命　想來必存活*5

眼中映青葉　耳聞山中杜鵑啼　初鰹季節矣*6

據說只要聽聞初鰹*7來了，江戶人便會奮不顧身地四處籌措，甚至是不惜借貸，趁著初鰹仍鮮活的時候一口氣買下來，暫且將其他事情拋開，非得先好好享用一番不可。在葉櫻*8時節，人們腦中首先會想到的就是這件事了。不過，初鰹如此珍貴的原因究竟為何？前面所舉的句子，作者都是元祿時代*9的人，可看出當時江戶人多麼重視初鰹。但這樣的說法，在今日卻已不適用了。

由「出鎌倉仍舊確保一條命」可想像，當年在江戶受人們歡迎的初鰹，並非是透過海路繞過三崎*10而來的，應該是透過陸路急速運來的吧。即便如此，到了日本橋的魚河岸時，想必已不可能保持新鮮狀態了。不過這仍無法消滅江戶人的欣喜，甚至為了買初鰹而典當物品，可見有多珍貴。以我的經驗來說，鎌倉小坪（漁師町）海邊用小舟捕來的少許初鰹，堪稱第一。就這一點看來，現今

5　松尾芭蕉所詠俳句，指的是好的初鰹在被運出鎌倉時也是生鮮活跳的。

6　山口素堂所詠俳句，意指五月綠葉萌芽、聽見山中杜鵑啼叫之際，差不多就是初鰹的產季了。

7　「初鰹」指的是每年初夏隨著黑潮而來的鰹魚。

8　指櫻花散落開始長出青色嫩葉。

9　十七世紀末至十八世紀初。

10　位於神奈川縣三浦半島最西南端的港口。

與古昔是相同的。在鎌倉小坪的鰹魚面前，大東京什麼的再怎麼虛張聲勢，都遠遠及不上。

現今聚集在東京的鰹魚，離漁場很遠，運送上已花了太多時間。先不提這個，所謂初鰹究竟好不好吃，關於這個問題，我認爲並不像江戶人那般誇讚的美味。

此處引人深思的，是所謂的江戶人大約是什麼身分的人？大概不是富人，也不是貴族吧。既然還得爲了吃鰹魚而典當物品，應該是身分低的人吧。對這些人來說好吃得令人雀躍，這番話必須考量到說話者的程度，預設立場之後，才來考慮其中意思。

由冬天入春，江戶人吃膩了鮪魚，忍耐著不適合當下酒菜的鮪魚，更厭倦了嬌貴的幼鮪。當鮮嫩的青葉映入眼簾，心中覺得舒爽，因此期望想換個口味，所以忍不住想嘗試外表俊俏、身著斑馬紋、口味輕爽的初鰹。我想理由搞不好是這樣吧。

想要享用初鰹，不是用煮的，也不是用烤的，絕對要做成生魚片。這種魚的生魚片，有帶皮及剝皮兩種處理方法。若不喜歡魚皮殘留在嘴裡的口感，可以下些工夫，把皮快速烤過，土佐的炙燒鰹魚片就是這麼做的。不過土佐的炙燒鰹魚片，只不過是當地不知大城市美味料理的人們，胡亂當作當地名產來宣揚的東西罷了，在我看來，很令人不舒服而且粗糙。剛烤好又生又熱的，只讓我感到一陣腥。不過土佐這般連皮快速烤過、帶皮一起食用的做法，應該是有其意義的。

其實無論哪種魚類，在皮及肉中間都有一層很美味的部分。因此若剝皮又去骨，魚的原味就減半了。根據種類不同，有些甚至可說滋味完全沒有了。這種狀況本來就不僅限於鰹魚，像是燉鯛魚，正是因爲連皮及骨肉一起煮才美味。

以前的人爲了初春的初鰹而騷動，但在現今，夏秋之際的鰹魚才最好吃。這應該是因爲運送、冷凍、冷藏的技術愈來愈發達了。大小在五百錢至一貫*11左右的最爲上等。

11 約一・八七五公斤至三・七五公斤。

冷鮮魚片的美味

洗い作りのうまさ

好吃的魚，再怎麼說，除了少數例外之外，指得便是關西地方的魚了。依照魚種不同，紀州、四國、九州也可說與瀨戶內海是同等級的。從伊勢灣一帶漸漸往西，包含瀨戶內海一帶，這裡的魚，無論誰都不得不點頭稱是吧。衆所周知，這裡的魚有著程度上完全不同的美味，關東的魚只得在關西的魚面前低頭認輸，沒有半句怨言。不過，關東卻有例外的珍品，無庸置疑地非常美味，那便是接下來直到七、八月左右，出現在東京近海的閃亮之星——星鰈。在星鰈的冷鮮魚片面前，關西的魚類則是怎麼也無法超越的。我很少會用天下第一美味來稱呼，但只有這道魚片，讓我忍不住想稱之爲天下第一美味。

在早晨的東京築地魚河岸，可在活魚水槽裡見到牠們堂堂的姿態，面容彷彿橫綱玉錦＊12般，在水底穩重悠然地游著。大小約在四百錢＊13左右的最爲上等。處理時，切得比普通的黑鯛冷鮮魚片再稍微厚一些，用水洗過後立刻享用，堪稱是夏天的天下第一美味。這種鰈魚會長得很大，長到一貫＊14以上也不足爲奇，但味道就不值得一提了。

12 橫綱是相撲力士資格的最高級，玉錦三右衛門為第三十二代橫綱。

13 約一．五公斤。

14 三．七五公斤。

若想要做冷鮮魚片，就非得用活魚不可。不過就別提京都的魚市場了，就連大阪的市場等地，雖然有活魚水槽，設備卻很不完全，不如東京的活魚水槽設備，因此也無法做成冷鮮魚片。若說到冷鮮，就只有東京了。不過在東京，也有把黑鯛切得像紙一樣薄才拿去洗的做法，這種完全不值得一提。可說是有好有壞。兩、三百錢*15 左右的鱸魚若做成冷鮮魚片，以及同樣大小的牛尾魚所做成的冷鮮魚片，都十分好吃。另外，三、四百錢*16 的眞鯛做成冷鮮魚片也算是美味，卻不及星鰈、AJIKI、KOYO 來得好。

有些較特殊的，像是赤魟、章魚，雖然外表讓人不太舒服，但可視爲是怪奇珍食一類。至於鯉魚和鯽魚，鯽魚特別好吃，龍蝦及明蝦則是明蝦來得佳。鰻、泥鰍的冷鮮魚片可搭配醋味噌來食用，但不特別用味道襯托就嘗不出美味。

最後，介紹最上等的冷鮮魚片。一百錢*17 左右的岩魚，或是七月成熟期左右的香魚冷鮮魚片，這些在大城市不容易吃到，但只要到適合的場所，要吃到應該不是難事。想嘗岩魚的冷鮮魚片，只得身在深山溪谷當中，別無他法了。

我在黑部溪谷、九谷深山、金澤五里屋*18 等地時常享用，美味可匹敵星鰈，有種特別的風味，值得讚賞。另一個特別的，是用北陸的鱈場蟹做成冷鮮魚片，不僅值得讚賞，還可稱之簡易美食之王。面日本海的地區，各地皆有鯰，這也是能與星鰈匹敵的美味。

15 約七百五十公克至一．一二五公斤。
16 一．一二五公斤至一．五公斤。
17 三百七十五公克。
18 原店名「ごり屋」，金澤知名老舖餐廳，已於二〇一〇年結束經營。

有特色的泥鰍

一癖あるどじょう

泥鰍鍋。好吃，便宜，營養，易於親近，在家中也容易料理，實在令人無可挑剔。這不是屬於貴族的味道，因此理所當然地到哪裡都受歡迎。

火鍋料理一般是在冬天享用，但只有泥鰍鍋是屬於夏天的鍋物，這應該能引起一般人的興趣吧。

在東京，比起「泥鰍鍋」這個名字，「柳川」這個名字更爲人知。爲什麼會稱作「柳川」呢？

根據昔時的傳聞，幕府末期，日本橋通一丁目附近有一間名爲「柳川屋」的店，這裡供應了人們不曾見過的泥鰍鍋。這種鍋物正好受到了大家的喜愛，風評在江戶傳了開來，曾幾何時，泥鰍鍋就被冠上了「柳川」的名字。這就是柳川之名的由來。熟門路的人甚至會說：「要不要到柳川來一杯？」這在當時似乎是很流行的一種說法。

此外，「柳川」一字與九州的「梁川」讀音相同＊19，因此也有人說是梁川之意。梁川有日本最優良的鱉。田野之中一眼望去，如棋盤狀的隙縫內都是水溝，

19 兩字皆讀為「YANAGAWA」。

裡頭也有與鱉同樣優良的泥鰍。這裡泥鰍的絕佳風味是其他地方見不到的，而且大量出產，現今甚至還被運到大阪的市場販賣。

泥鰍有特色，但這種特色具正反兩面。其中一面，是泥鰍擁有少不了的特殊風味。另一面的癖性，是伴隨著品質低劣的臭氣。而梁川的泥鰍卻沒有這種令人討厭的癖性，因此沒有比這個更佳的了。

例如鱉，一般也免不了有一、兩種味道上的癖性，但梁川的鱉卻完全沒有。這種稀有的特色，今後會更廣爲所知，市價也會隨之上漲吧。

梁川的泥鰍，大的大約五寸，拿來做成蒲燒*20正合適，與鰻魚的風味截然不同，品嘗時讓人心感愉悅。不過若將體型小的勉強拿去做成蒲燒就不怎麼好了。但這種情況只限於泥鰍就是了。

要分辨泥鰍的好壞，主要從牠的卵著眼。首先，沒有卵的最佳，再來應盡量選擇卵較少的。若是卵多了，重要的魚肉就少了。殺泥鰍不是外行人能簡單勝任的，因爲不知道如何從泥鰍的致命點下手。泥鰍的致命點在於像是頭的椎骨一般的背骨上，只要從這裡打進錐子，泥鰍便會立刻斃命。

將小泥鰍或大泥鰍整尾放進味噌湯裡最好吃，不過十人當中有八九，只是看到完整的一尾泥鰍就覺得害怕，因此這或許比較適合喜愛珍奇異食的人享用。四、五寸長的，可整尾拿來做成照燒口味，盛盤前去頭去尾，以棒狀放在盤上。

20 料理方式的一種。將魚切開剔骨之後，淋上醬汁、串上竹籤拿去燒烤。

這種做法，一般家庭也能嘗試料理。在東京琦玉越谷附近有種稱作「地黑」的泥鰍，堪稱上等，體型很大，從前在鰻魚店「大和田」附近時常被拿來做成蒲燒，稱作「DOKABA」，一時之間很受歡迎。

製作泥鰍鍋的重點在於高湯，此外，外層的蛋液要清澈，牛蒡絲下方的高湯不能剩太多，雞蛋不能沉到牛蒡絲裡。只要有了這三種技巧，就能做出正統泥鰍鍋了*21。

關於泥鰍，還有許多想談的，但這些都不適合一般家庭。有志者，且讓我留待下回再述。

21 一般泥鰍鍋是以牛蒡絲、泥鰍，再打上打勻的雞蛋煮成。

小魚乾之味

小ざかなの干物の味

吃到好吃魚乾時的喜悅很特別，特別是「中乾」及「生乾」*22 這類最上等的魚乾，這番喜悅真是筆墨難以形容。東京附近，以熱海的魚乾最受好評。原本，在熱海的魚場所捕獲的竹筴魚、花枝、鰈魚、馬頭魚等，魚的種類繁多，再加上這裡有適合製作魚乾的海風及氣溫，這應是魚乾味道佳的最大原因。要製作魚乾，最重要的便是在於氣溫及海風的協調了。

魚乾很適合在早餐食用，因此在熱海所供應的早餐，可以說不忘自豪地一定會附上魚乾。

不過近來在熱海，與觀光人數成反比，漁獲量不足，有時還會出現產地以外的魚，據說雨天還有人會使用乾燥機來趕工曬魚，所以已經無法隨時買到評價好的魚乾了。竹莢魚、鰈魚、鰮仔魚、沙鮻、馬頭魚若能用正統的方式來乾燥，將會非常美味。不過像是中乾的魚乾，就算今天覺得好吃，留待隔天抱著前一天的喜悅來嘗，卻不一定能嘗到之前的美味了。只得趁著當下品嘗，記住這份美味。

馬頭魚的魚乾有乾燥之後的特殊風味，發揮了牠原有的味美。興津*23 海岸

22 指魚乾的乾燥程度，「生乾」的乾燥程度最低。

23 位於靜岡縣靜岡市清水區。

也產魚乾，也可稱得上是魚乾權威。在上方＊24，稱馬頭魚爲「GUCHI」，以若狹小濱＊25產的爲第一，不過只有馬頭魚和長鰈是興津地方的較佳。

但興津的馬頭魚比起若狹產的，缺憾便是鱗片無法食用。能夠帶鱗一同烤來吃的馬頭魚有不同風味，但興津產的卻沒辦法這麼做。

鰮仔魚和金梭魚的魚乾是在京都大阪流通的魚乾當中，特別値得一提的。烤過後會滲出許多脂肪，殘留在舌中的，是令人禁不住的好味道。長鰈的主要產地在靜岡以東，目板鰈、也就是上方所稱的松葉鰈，則是以若狹產的爲珍品。

這在魚乾當中算是特別好吃的，京阪地方的人都知道這點。但就價格來說，松葉鰈比其他的魚乾還要貴，因此無法當成配菜。但若拿來下酒，可說沒有比這更好的了。不過這種魚乾（松葉鰈）要說哪裡不好，就是太好吃了。大致上所有太過好吃的東西，都無法成爲特極品。因爲太好吃了，只能成爲特等以下的一級品。總的說來，太過美味的東西，都很難被稱爲最高級美食。就這點來看，關東地方的長鰈等，眞可算是登上特等品之座吧。不過松葉鰈的漁獲量與長鰈一樣並不多，這份美味及稀少無庸置疑地，將它推上特等魚乾的王位。在伊豆群島所製的魚乾「KUSAYA」＊26，對上方的老饕來說，在嗅覺上無法接受，因此敬而遠之，不過美味程度堪稱魚乾中的首位。這種魚乾近來已經不再使用從前的製法來生產了，對內行人來說實在感嘆。

24 江戶時代對大阪及京都等關西地方的稱呼。

25 福井縣小濱市若狹。

26 原文寫做「くさや」。伊豆群島的特產品，將當地各種魚類浸了獨特味道的發酵醬汁後曬乾而成。

富山地區有名的「冰見沙丁魚」*27 魚乾，雖然以沙丁魚來說已經很美味了，但不過也只是沙丁魚的味道而已。不過若是「KUSAYA」這種魚乾，就算是竹莢魚，卻少了竹莢魚的澀味，能留存其微妙滋味，可說保留了魚的獨特之處。

上方一流的醬油沙鮻乾、若狹的松葉鰈、興津和熱海的馬頭魚、靜岡的長鰈等，每樣都屬魚乾中的高級品，其他可能就算是較粗糙的吧。

河豚魚乾雖然聽起來似乎很好吃，但我從來不曾覺得美味。

最後不能忘的是關西的鰮仔魚魚乾，以及關東的馬頭魚魚乾。回想起從前的經驗，還眞令人食指大動。

鮭魚魚乾外表看起來像是燻製的，但風味與燻製完全不同，越後地方的人稱之爲「地川」。地方上的人很以地川自豪，這也不是不能理解。不過，和燻製鮭魚相較，風味層級截然不同，也許不是老饕根本無法區別吧。這種魚乾不應該以烤的方式來品嘗。

27 「冰見」為地區名，富山縣冰見市。

不識肝之美味

知らずや肝の美味

魚肝非常好吃，雖然有的鳥禽類的肝也很好吃，但都遠不及魚肝；獸類的肝更是沒有好吃的。肝特別好吃的魚，有鯛、海鰻、剝皮魚、河豚、鮟鱇、鰻、鱈。

鳥禽類當中，以法國的鴨肝有名，我也知道有罐裝的，事實上還眞好吃。日本鳥禽類的肝，似乎也沒有哪種是特別好吃的，可能就屬雞肝最好吃吧。魚肝當中特別優秀的應是海鰻，接著是鯛魚，再來是剝皮魚。

河豚的肝好吃歸好吃，卻沒有特別的魅力。鮟鱇、鱈魚之類的肝味道純樸，缺憾在於不夠高雅，也就是欠缺特色。

用鰻魚肝煮的湯，可說非常特別又質樸，不過裡面不只使用肝而已，而是將去掉膽囊的內臟全部統稱爲肝了。如果眞的只有肝，似乎也不怎麼値得用了。鱉的肝，想像起來似乎很美味，但該怎麼形容呢，實在完全不好吃。不過在京都的「大市」*28 卻將鱉的肝小心翼翼地放入鍋物中料理，我每次總是滿心期待地嘗試，但無論吃了幾次，從來都不覺美味。

28 京都的鱉料理老舖，已有三百多年歷史。

在魚類當中，肉也好吃、所有內臟皆好吃，尤其卵更是特別好吃的，就只有海鰻了。剝皮魚的肉雖然很難稱得上美味，但牠的肝卻意外地好吃。正因此，這種魚也有了價值。然而，若將牠的肝捨棄不用，便讓人貽笑大方了。

若瞭解食用方法，河豚的肝不僅沒有毒，還非常好吃。但許多人都認爲牠有劇毒，因此傾向將其捨棄，或是胡亂地長時間烹煮，把味道及風味都煮掉了，才勉強拿來食用。我雖然知道如何在安全的情況下活用河豚肝的美味，但若多說了，讓人一知半解地照著做也很糟糕，因此我再直接傳授有志者即是。

將河豚肝搗碎混上醬油，用來蘸河豚生魚片，這種吃法雖然也不是不好吃，但完全是外行人的做法。河豚肉的味道，並非得藉由其他脂肪的幫助才會好吃，甚至可說正因爲牠擁有脂肪少的特徵，又有令人麻痺的特色，所以才有不可思議的魅力，因此完全不需要用全部以脂肪構成的肝的味道來襯托。這反而是個愚昧的做法，會傷害到河豚的美味。

這種方法如果用在生鱈魚上，則爲妙法，應該大力推薦。

柒—料理筆記

柒—料理メモ

年糕湯

雜煮

因正值季節，我想在這兒聊聊年糕湯*1。

一般人在兒時所吃慣的、充滿故鄉地方色彩的年糕湯，最有趣且最富意義。家庭主婦若能留心，初一做地方色彩濃厚的家鄉年糕湯，初二做東京風味、豪華豐富的年糕湯，這麼一來，保證又有樂趣，又能讓家人開心。

話雖如此，也沒有理由強迫大家一定要這麼做，因此首先請各位理解，任憑喜好便是。

以我的經驗來說，若想在年糕湯中添增熱鬧愉快的氣氛，建議可以放入紅蘿蔔、白蘿蔔和芋等。像芋之類的，保持食材本來的形狀能更增添野趣。若想增加不一樣的特色，把芋削成角狀也不錯。不過我認爲不必加上太細的工才好。

高湯使用一般的柴魚或昆布高湯即可。到了冬天，有些家庭會收到人家送的烤蝦虎魚，用來做高湯也能享受特殊風味。

最重要的就是烤年糕的方法了。從昔時起，一般人便認爲烤到金黃色最好。有些烤得顏色深，有些烤得金黃色上有龜殼花紋，這樣最爲理想。而且必須依

1 日文稱「雜煮」，是以日本麻糬為主要原料的湯品，一般在新年期間食用，各地配料及做法不同。

照年糕軟硬不同調整火候大小，否則裡面還沒軟，表面就烤焦了，或是沒烤熟，年糕呈白色軟塌沒有彈性。

年糕湯的祕訣，可說就在於烤年糕的方法。此外，若是笨手笨腳地放了太大塊的年糕，也很乏味。特別是早晨喝了屠蘇酒*2，氣氛正好，這時候塞進一大塊年糕，實在不是很有情趣。

在餐廳吃到的年糕大概火柴盒大小，看起來很美。不過，依客人不同，也應當調整年糕大小。如果是年輕客人，即便年糕形狀不怎麼樣，大塊一點總是比較受歡迎。依照客人及場合不同，以相應的內容來款待，這件事不僅限於年糕湯而已，對任何事來說，都是必要條件。

用白味噌來煮年糕湯也是種特別的美味。海苔以品質上等的為佳，烤海苔也不錯，仔細揉碎後再撒上去。放上整片切成四方的海苔，感覺實在不好。不過海苔很難處理，烤的方式也有訣竅。現今在京都大阪等地使用的是生海苔。海苔如果烤得好，將會非常好吃。

連京都大阪這些大城市的人都不知道怎麼烤海苔了，更遑論其他地方城市了。就算是在東京，大部分的人也是從其他地方來的，很少有人非常懂得烤海苔吧。大多數人都將一百圓價值的海苔，搞成只有五十圓的價值來食用了。

簡而言之，海苔要配合著年糕湯斟酌使用。若能領會這一點就夠了。

2 日本在新年時有喝屠蘇藥酒驅邪討吉利的習俗。

水拌鮑魚

鮑の水貝

來談談水拌鮑魚*3吧。水拌鮑魚，指的是將鮑魚切塊即可，這本來是江戶前的料理，因爲關西地方沒有鮑魚。不只是鮑魚，貝類的主要產地也是在東京。東京的貝類豐富，人們也比較懂得料理方式，我也是從江戶前料理中學到處理貝類的訣竅。水拌鮑魚的處理祕訣在於要將鮑魚變硬。首先，將鮮活的雄鮑用大量的鹽來搓揉。這麼一來，因爲鹽的關係，鮑魚會變得如同石頭一般硬。鹽用得愈多，就變得愈硬。若鹽用得少，裡面將無法硬透。只有表皮變硬，裡面軟趴趴的，便無法做出好吃的水拌鮑魚，必須裡面也要硬透才行。因此，使用鮮活的鮑魚以及大量的鹽，這就是水拌鮑魚的祕訣。

貝肉像沾上青苔一樣的是雄鮑魚，一定要用這種。取肉的方法有很多，廚師的做法是用手邊現有的菜刀，或是山葵磨泥板的把手等把肉撬出來。但最安全的方法，是用小飯杓伸進貝的底部撬，這樣才不會傷到貝肉本身。貝肉必須在不破壞腸子的情況下撬出來，而用這種方法，意外地能夠不傷到腸子。鮑魚的腸子中有黏稠的物體，外面包著一層薄膜。若把薄膜弄破了，當中又白又藍

3 這種料理方式日文稱「水貝」。指將生鮑魚洗淨後切塊放入冰鹽水中，搭配山葵、醬油、醋等來食用。

的黏稠物會流出來，因此必須注意不可弄破。

至於食用腸子的方法，如果將生腸放入水拌容器中，會把水弄濁，因此建議不要放進去，分開食用較妥。即使是生食，這種方法也比較好。也可以將柔軟的腸子放進煮沸的水當中稍微汆燙，將外皮部分燙過，中間保持又生又軟的狀態，也就是燙成半熟，然後蘸上檸檬醋食用，這種方法也不錯。不過以食材的滋味來說，能夠生食的東西，盡量以生食或接近生食的方式來食用，才是最爲美味。重要的是必須事先瞭解，用煮的或烤的等加工都會破壞原有的味道。日本人品嘗生魚片的行爲，可以說證明了魚肉以生食最爲美味。

此外，煮成甜辣口味也不錯。只要用煮的即可，做法很簡單。總之，依各人喜好來處理最爲恰當。

小黃瓜

胡瓜

現今隨著溫室栽培技術的進步，水果、蔬菜已經不分季節了。看來，《俳諧歲時記》*4 遲早得改寫了才是。話雖如此，還是沒有比當令的食物更好的了。

當然，不僅限於小黃瓜，當令的食材美味，這是亙古不變的道理。

不過，說促成栽培的蔬菜無味，這是不瞭解促成栽培蔬菜的價值才有的批評。在促成栽培下所生長的蔬菜，有著當令食材所沒有的味道。這種輕率的判斷方式，值得深思。

從前，小黃瓜只有當令一種而已，現今由於有了促成栽培技術，所以小黃瓜、茄子都有了兩個種類。其他多種類的促成栽培蔬菜也陸續多樣化地發展當中。

因此，品嘗的樂趣也增加爲兩種了。

話說回來，小黃瓜要直直的才好吃，彎成葫蘆型就不好了。總的來說，好的小黃瓜，形狀是勻稱的。到了最盛期，小黃瓜大了，也要選擇沒有種子的才好吃，若長到有了種子，便不行了。一般來說，利用溫室種出來的小型的小黃

4 曲亭馬琴著，將俳諧中的季節用語以四季、月分之別依序解說的季語分類辭典。

瓜，一般稱之「最早上市」的小黃瓜，餐廳大多使用這種小的小黃瓜。這是奢侈又風雅的吃法，若想品嘗小黃瓜的醃漬醬菜，還是應該選擇之後長得完整的。

醃漬小黃瓜的醃漬程度調整很困難，氣候以及放置米糠味噌的地方會對醃漬的速度造成很大差異，這點必須留心。若不小心醃漬過頭，小黃瓜會變酸，必須在恰當的時機將小黃瓜從米糠味噌中取出來。取出後味道不會突然改變，若一直醃漬著，則會變得太酸。在剛好的時機點把小黃瓜拿出來，將沾附著米糠的小黃瓜直接包起來，放到陰涼處。兩、三個小時後，小黃瓜會變得美味。這是因爲鹽分沒有浸到小黃瓜當中，所以味道不會變酸。

這個祕訣是累積了萬人的辛勞才發現的，可以拿來學習利用。但若醃漬的是茄子，取出後沒多久就會變色，所以不能這樣做。不適合提前拿出來擺放的茄子，必須在適當的時機從米糠味噌中拿出來直接食用才是。

昆布絲湯

昆布とろの吸物

在關西，用的是「昆布絲之湯」這種說法，在此就這麼稱呼吧。搞不好沒有比這更簡單明瞭、又美味的食物了。

關西人特別喜歡使用昆布，十分理解其滋味，懂得品嘗，因此很多人吃昆布絲湯。不過必須使用好的昆布才行，東京人不太懂昆布，雖然也有細絲昆布*5、有海髮菜*6，但大部分都很粗糙。用好昆布削成的細絲昆布，以沒有肉的爲佳，在東京只有特殊店家買得到，但在關西很容易購得。上等的細絲昆布又白又軟且蓬鬆，白色的最好。日常配菜中雖然也有又黑又好吃的，但這種品質不佳。

由於是要做只有昆布的湯，因此選擇愈好的昆布，味道愈佳。而且因爲是昆布湯，所以高湯底只要用柴魚即可。當然，柴魚也有好壞，到柴魚店選擇乾燥得好又高價的便是了。只要這樣就能煮出好湯。

建議在此一定要使用淡味醬油。由於比起東京的醬油，價格還便宜一半，請各位一定要買來試試。

5 日文為「とろろ昆布」，是昆布加工而成的食材。用醋浸泡過，再削成細絲狀，品質好則能入口即化。

6 外表類似髮菜的褐色海藻，主要產於沖繩一帶的珊瑚礁。

若想簡便地製作昆布絲湯，只要在碗裡擺進細絲昆布，加上少許化學調味料和醬油，然後倒進熱水即可。但這只是粗略地簡便行事而已，若想做成上等的料理，請一定要煮柴魚高湯，再加入淡味醬油，調得比平常的湯還要更稀一些，然後倒在碗中的細絲昆布上即可。不過有個條件，在湯裡加入細蔥花或不加細蔥花，味道會差得非常多。如果不加，會覺得缺少什麼，味道劣了許多。若各位至今未曾加過蔥花，請一定要試試看。

炸琥珀

琥珀揚

這道菜名是在昭和十年*7左右我擅自取的，這是道類似天婦羅、又不太像天婦羅的食物。做法比天婦羅還簡單，就算沒有技術也能輕易製作，是很現代的一道料理，而且意外地好吃。類似便利的中華料理，既能當作日常料理，也能作爲對外宴客的料理。

食材方面，盡量使用口感輕盈的魚爲佳。舉例來說，黃雞魚、蝦、鯛、土魠、鱸魚一類。鮪魚或鰤魚這類由於脂肪太多，並不適合。選擇白肉魚較適當。當然，蝦子則是各種季節都適合。做法上，首先將葛粉溶進水中，調成手指無法穿過的硬度，做成麵衣，然後用煮開的油將魚炸得酥脆。醬汁則和天婦羅一樣，用稍微稠的葛粉液加上橙或檸檬來調味。把炸過的魚稍微蘸一下這個葛粉醬汁，然後盛裝到容器裡。在炸好的食材上加一些薑末，不僅味道好，還能增添風情。雖然看起來近似中華料理，但在中國沒有這類魚，所以也不會這麼做。中國有類似的料理，是以鯉魚來製作，但做不出如此美味的炸琥珀。

所謂琥珀，是松脂的化石。我的炸琥珀顏色美麗如同琥珀，因此命名。炸

7　一九三五年。

琥珀在家也能製作，是很有派頭的一道料理。

順道一提，前面提到葛粉，現今在市場或店鋪中放在長袋子裡、外頭寫著「葛」的東西，其實是馬鈴薯澱粉，性質是會立刻變回水。眞正的葛或豬牙花*8非常美麗，而且不會立刻變回水，做出來的料理非常美味。馬鈴薯澱粉不應該拿來製作宴客料理。九州的窮介*9、吉野的葛粉、山中的片栗，若用這些產地的食材來製作，料理就能盡善盡美。這類葛粉，只要到築地的珍品店就買得到。

順便提一下油吧。老芝麻油最佳。橄欖油稍嫌滋味不夠。大豆油幾乎等同無味，完全不好吃。一般市場販賣的天婦羅用油，都是大豆油。榧樹籽油具有寒冷時也不會結凍的特色，若和芝麻油混在一起用，能夠中和芝麻油太過濃厚的味道。若完全只用榧樹籽油，又會太輕、太澀，味道不全然好。結論來說，芝麻油最好。新榨芝麻油多少有些刺鼻，放久就不會了，所以還是必須挑選老油才行。

內行人會買許多老芝麻油，從最老的開始依序使用。若買了新油來用，將無法炸出好的天婦羅。話雖如此，大部分的家庭都無法一口氣買一堆油來屯吧。這部分還能夠多下點工夫。

8 豬牙花在日本稱作「片栗」，鱗莖中含有澱粉，可加工做成片栗粉，也就是日本的太白粉。

9 指九州生產葛粉的「久助」，「久助」與「窮介」發音相同。

凍豆腐

高野豆腐

關於凍豆腐*10，好壞差異很大，還請各位多些留意。所謂不好的，是指結凍乾燥的過程不佳，造成太硬或太過柔軟。

凍豆腐究竟要多硬才算好，這是很難的問題。太硬咬起來會乾乾的，相反地，如果太軟，就變回原本的豆腐了。有人喜歡乾的口感，也有人喜歡軟的，依照各人喜好來決定是最好的方法。若一定得評論，口感適中的可算是最好的吧。用在五目壽司*11當中，如果不是口感乾的凍豆腐，就失去意義了，因此要用稍微硬一些的。

一般軟化凍豆腐的方法，可以將豆腐放入鍋中，撒上小蘇打，加上內蓋*12，上方再加壓重物，然後倒入熱水直到豆腐底下充滿水爲止。這麼一來，便可從底下加熱，沒多久就能把整個豆腐煮軟了。

至於撒小蘇打的手法，是要在豆腐的裡外四面八方均勻地撒上薄薄的一層。因爲只有加熱水，豆腐的角沒辦法煮軟，所以必須記得在豆腐的四面八方仔細撒上小蘇打。不過，如果加太多小蘇打，就會煮成原本的軟豆腐了。煮到只有

10 日文寫作「高野豆腐」，是將豆腐結凍之後脫水乾燥而製成的食品。由於最早始於高野山上，因而得名。

11 將配料拌進碗中米飯的一種壽司。

12 日本料理當中常用，蓋底為平面，是直接鋪於材料上的蓋子，可避免水分急速蒸發。

中心部分口感稍乾，才算是硬度正好吧。

接著，炭酸會干擾味道，使味道變差，因此必須俐落地將凍豆腐放入水中，小心不要弄破，然後擰乾。如果弄破了，會軟爛爛的，外表和味道都會不好，所以必須注意不能弄破。擰豆腐的方法大概就像擰海綿一樣即可。豆腐愈是柔軟，愈需要技巧，擰柔軟豆腐時要非常注意，不可用力擰。必須擰到沒有炭酸氣泡為止，至少也要重複擰個五、六次。

要用水將凍豆腐還原，方法很困難，這像是祕傳絕活一般，就連內行人都不一定能夠簡單處理，必須謹記這一點。如果覺得這沒什麼大不了，就無法處理得好，就算是京都大阪一些製作特殊料理的餐廳，也不一定處理得好，偶爾才會出現名家。

凍豆腐原本是在高野山上利用寒冷製作而成，現今則是在寒冷的地方隨處可製作，因此種類也多了起來。購買時也要注意，品質愈好的顏色愈美，外表也有疏密之差。不常買便不會知道，需要累積經驗才行。

品嘗凍豆腐是件風雅的事，因此不是能夠簡單處理的食材。希望各位要能有這樣的心理準備。

不過，近來凍豆腐在製作方法上有所進步，就算不用祕傳絕活，也能做出好吃的凍豆腐了。因此我前述的顧慮，也許算不上什麼了。

白菜湯

白菜のスープ煮

白菜的烹煮方法，一般來說不怎麼被重視，但總之我在此略做說明。

白菜原產於中國青島，從前在朝鮮就廣泛地被栽培。這是生長在寒帶氣候的蔬菜，因此溫暖地帶如東京周邊所產的，可以說品質都不太好。

白菜的料理，可以用魚或肉來做些許調整。白菜並非純粹的日本蔬菜，因此不容易放到日本料理中使用。不過，白菜湯卻是很風雅的一道料理。將雞骨（不帶肉的）弄碎熬湯。裡面若混了肉，味道會變得俗氣而不佳。熬出來的雞高湯，只要用鹽調味即可。此時不應使用醬油，醬油有顏色，會汙染了白菜的白，觀感不佳。若抹殺了白菜的白，便無法成爲宴客用的料理。當然，也不能用「龜甲萬」，就連用淡味醬油也會染上顏色，這麼一來就只能當作家庭料理的配菜了。白菜湯應該要是純白的，白菜能保有原來顏色，才稱得上高貴。

接著是味道。由於白菜本身就有甜味，因此只要調整鹹度。將煮好的白菜湯盛入食器中，再一旁備妥香辛料即可。

這是嶄新的日本料理，但透過這道料理，可以發現中華料理的做法，還能品嘗到朝鮮料理的氛圍。隨著切白菜的方法和食器的挑選，又可感受到日本料理的氣氛，而且還能與其他的料理做融合。這道簡單的料理，可說並非就是不好吧。

茶碗蒸

茶碗蒸

相信各位一定很瞭解茶碗蒸吧。其實茶碗蒸有許多製作上的訣竅，一般東京的茶碗蒸，蛋都放很多，太硬了，缺乏美味。整體來說，茶碗蒸的蛋若太過凝固，將無法讓人感覺高雅，這麼一來就不應稱之爲茶碗蒸了。關西、特別是京都的便宜的茶碗蒸，比起高級餐廳中用了太多蛋的，更值得被稱爲料理。這些便宜的茶碗蒸之所以美味，是因爲雞蛋用得少。

某次，我在京都被招待去參加一場宴會，我記得是在祇園沒錯吧。當時我心血來潮，很想吃茶碗蒸，因此和身旁的藝妓說了一聲。那位藝妓於是交待了侍女：「雞蛋不要太淡呀。」

因爲是重要的客人，所以不能像京都式的做法一樣雞蛋用得太小氣。不過，應這特別要求而做的茶碗蒸，並不好吃。正是因爲蛋很濃，凝結得太硬了。只要將雞蛋打得淡一些，手拿茶碗時能夠將蛋晃來晃去的，程度正好。這麼一來，口感滑溜滑溜的，而且也不會有蛋腥味。

京都式的茶碗蒸就屬這種。京都人從前就被批評爲小氣，但京都的這種小氣個性所精確算計出來的料理，卻令人難以割捨。

便宜的茶碗蒸就是一項證明。我從前態度乖癖，認爲便宜的茶碗蒸沒什麼好的，但嘗試了各種之後，很意外地，便宜的吃起來最爲高雅。正是因爲茶碗蒸的祕訣就在於雞蛋要用得少，而這也是做料理的祕訣，也就是將一顆蛋配上二合至二合半左右*13 的高湯。除了稀釋之外，還不能蒸過頭。總而言之，對茶碗蒸的認知，要知道蛋液必須淡一些才好。我起初也不懂這點。若還要再補充，裡面最好可以放鴨、鰻、銀杏、百合根、眞薯*14、木耳等。

13 約三百六十至四百五十毫升。

14 日本料理之一。將調味過的魚、蝦、蟹漿，以蒸煮或炸的方式做成丸子，可直接食用或加在湯類中。

三州味噌小蕪菁湯

三州仕立小蕪汁

雖然味噌湯的做法很簡單，但事實上，一般家庭在日常生活中都無法做得美味，所以我在此簡單談談。無論味噌湯裡面有什麼材料，都不能長時間烹煮。首先煮高湯，接下來將材料煮好後，最後加入味噌，煮滾後立刻盛入碗中，這麼一來剛剛好。

不過，有些家庭依照家人的狀況，早餐時間各自不同，有人七點、有人八點，無法一同用餐。所以就算是同一鍋味噌湯，最初喝到的最美味，到了第二、第三個人用餐時，爲了不讓湯冷掉，會把爐火一直開著，結果湯一下冷掉、一下再加熱，到最後成了不知所云的一灘泥水。味噌湯也有味噌湯的訣竅，若無法領會，便無法煮出又高雅又好喝的味噌湯。

煮味噌湯的重點在於是否讓味噌活起來，或是扼殺了味噌。若扼殺了味噌，就失去意義了，無法煮出一碗好湯。相反地，一碗好的味噌湯，正是因爲讓味噌活了起來的緣故。味噌活起來，表示製作料理的人是靈活的。

味噌是活或被扼殺，代表著製作料理的人是否有生氣。製作的人若無生氣，便煮不出有生氣的味噌湯。製作料理的人若無法時常留心使食材鮮活，便做不出好料理。料理的方法不好，味道自然會被扼殺。若真要我評論，其實餐廳的料理大多都被扼殺了。

接著，將味噌放入鍋中後，煮沸的當下最美味。三州味噌的澱粉含量多，但並非全將澱粉煮成濃稠才是好的。若是吃飯配酒，這種濃稠的湯汁便不適合。如果除了湯以外還有生魚片以及五道、七道料理，濃稠的三州味噌湯將會令人發脹，也不妥。三州味噌不必全用，而是捨棄某些部分，也就是撇除大部分的澱粉不用。比例上大概用上五成或三成正是恰當。這麼一來，就能做出適合下酒的味噌湯了。

首先，將三州味噌切成一塊塊，放在網眼細的篩網裡，放進高湯中涮。這麼一來，很明顯地澱粉會殘留在篩網中。溶在高湯中的味噌份量，只要讓湯有味噌的味道即可。不過，當然最好依各人喜好調整。若涮得久一點，湯汁自然較濃，快速涮過，就成了奢侈又豪氣的味噌湯。這就稱作「涮味噌」。

就算只是做味噌湯，也有各種手法。依據技術不同，就算使用同種材料，也能將味噌湯做出好幾種不同等級。

重點終究在於是否太隨興或用心，依當事者的狀態來決定。一般早餐的味噌湯會使用白蘿蔔或蕪菁，只要計算著讓材料與味噌湯調和完美，就是最好的方法了。餐廳總是只想著外觀，專注在讓外表看起來漂亮，味道則落在第二考量了。有些做得粗糙的餐廳，還會將湯裡的白蘿蔔另外煮好，或是材料冷的、只有湯是熱的，這些奇怪的舉止，都不是有心者該有的行爲。

若是使用白蘿蔔或蕪菁這些蔬菜，絕對不該捨棄它們原有的滋味。若是用魚，味噌湯只要有味噌的味道即可，魚要另外煮，最後再加進去。特別是青背魚、鯖魚、竹莢魚之類的，若不這麼做，湯汁味道會太複雜，反而不好喝。不過像是沙鮻或去了內臟的香魚等這些味道清爽的，也不必全然這麼做。以三州味噌煮成的味噌湯，另外還有放進江戶前的鯉魚一起烹煮的方式，也有用銀魚、血蚶等爽口的食材來應和，也有加入豆腐的情況。只要在口味的濃淡上花心思即可。

不過，三州味噌太濃了，我不是很喜歡。有次別人送了我很多三州味噌，我困擾不知如何處理才好，就這麼放在倉庫裡。過了五、六年後才突然想起，拿出來嘗後發現，味道變得輕爽很多，太過濃郁的味道不見了。對我來說眞是一大發現。

如此一來，大量的味噌當然沒多久就用完了。由此可推測，味噌在經年累月後，會變得較輕爽。剛做好的味噌，味道又新又濃，我偏好鄉村味噌＊15，一

15 日文原名「田舍味噌」，是以麥麴、大豆、食鹽為原料製作的。

向只用這個。信州、北陸地區的味噌大多是自家生產的，但我不喜歡太過「巧思」的味噌。

烤馬頭魚

甘鯛の姿焼

這道料理，在東京從前就有了，不過因爲很大盤，反而讓人覺得麻煩*16。串鐵串也有技巧，如果什麼都不懂，胡亂串上好幾根鐵串，這是不行的。

首先，要將一根根的鐵串串成扇形。至於要串幾根才夠？只要能夠將扇骨的交叉點擺在中間即可，這麼一來，可以輕易地用手拿，烤的時候也不用擔心會把魚肉弄散。只要實際看過一次做法，相信應該立刻就能夠理解我說的了。

馬頭魚在東京被稱爲「興津鯛」，以靜岡爲中心的近海所捕獲的最佳。到了關西，大多是從北陸或若峽所捕獲，稱爲「GUCHI」。GUCHI由於棲息在北陸的海域當中，吃的是北陸海中的餌食，因此和興津鯛有很大的不同。興津鯛與日本海來的GUCHI，雖然乍看之下相同，但若狹的GUCHI顏色呈淡紅的桃色，興津鯛則與一般的鯛一樣是紅色的。GUCHI可以連鱗一同食用，興津鯛則必須去鱗才行。

GUCHI連著鱗一起食用，很是風雅，有些人很喜歡。東京有些餐廳也將興津鯛連著鱗一起烤，但這種東施效顰的做法實在失敗。東京的馬頭魚必須去鱗

16 此道料理日本原名是馬頭魚的「姿燒」，用數根鐵串將整條魚串起來烤，再以整隻的姿態端上桌。

才能吃，連著鱗一起烤，根本上就是錯誤的做法。

若狹的 GUCHI 吃法很有意思，瞭解這點也不算沒有意義吧。此外，興津鯛也有各種種類，有種稱作「白皮」。白皮和一般的興津鯛不同，皮不是紅的，而是淡桃色或白色，在東京的魚河岸，價格大概是一般普通鯛魚的兩、三倍。不過非常好吃，雖然肉太軟，不會拿來直接生吃，但烤來吃很不錯。

九州「白皮」這種馬頭魚在關東很少見，但在九州往五島列島＊17 一代附近就非常多了。人們會以鹽醃著帶回關東，但如此一來會變得非常難吃，因此價錢便宜，有時甚至只賣一般馬頭魚的五分之一到十分之一的價錢。白皮體型很大，在小田原＊18 當地時常會拿來當作魚板的原料。

使用之頻繁甚至得用列車運回來當原料，但現今小田原的魚板大多加了顏色，味道不純，已失去從前的面貌了。

馬頭魚原本是高級魚類，但因爲距離遠，時間一久，味道就完全不行了。若在產地食用，當然是很美味的。

我也曾經在義大利的拿坡里吃到這種魚，在沒有什麼美味魚類的國外，更令人感到非常好吃。

17 神奈川西部的小田原市。
18 位於長崎縣西部的群島。

蘿蔔乾

沢庵

來談談醃蘿蔔乾*19吧。

今天所吃的醃蘿蔔乾，來自加賀山代。就我所知，山代的醃蘿蔔乾是一等一的好。主要原因是由於白蘿蔔是寒冷國度的作物，而且山代地方的醃蘿蔔乾還有其他祕訣，因此與伊勢的不同。

伊勢的醃蘿蔔乾有許多種類，當中也有好吃的，但還是不及山代的醃蘿蔔乾。伊勢的醃蘿蔔乾是大量生產的產業，因此沒有山代產的那種純樸之味。五十年前，伊勢的醃蘿蔔乾似乎也曾經有過如山代那般的美味，不過伊勢的米糠用得多，可說也有其特殊的美味。

山代也使用了大量米糠，多到讓人覺得醃蘿蔔乾是從米糠中挖出來的。米糠用得多，就是製作美味醃蘿蔔的祕訣。

東京的醃蘿蔔乾用的是黃色色素來染的，不好吃，可以說是因爲米糠的用量太少了。

順帶一提，無論是蔬菜或魚，總的來說，寒帶地方的產物較佳。例子之一

19 日本的黃色蘿蔔乾稱「澤庵」，是以米糠及鹽醃漬成的，傳聞由江戶時代僧侶澤庵宗彭所創始。

便是在北海道所捕獲的鮭、鱒、鯡、棒鱈*20，都很好吃。

雖然無法一言以蔽之，但溫暖地帶的美味想必就是水果了。水果類大多都是以溫暖地帶產的出名。

20 用太平洋鱈魚製成的魚乾。

火鍋料理

鍋料理の話

冬天最受歡迎的家庭料理，想必就是火鍋料理了吧，因爲只要煮好便能享用。

火鍋料理絕對不是煮了放冷才吃的。能吃到熱呼呼的料理，比什麼都開心，因此沒有比火鍋料理更能令人感受到現煮之美味了。從開始到最後，從備料到煮著吃，全部都要自己下工夫並掌控調整，每件事都是靈活的。材料是活的，負責煮的人是緊張的。而且能吃到現煮的，之間沒有任何「空檔」，單就這點，便讓人開心不已。因此，火鍋可說是讓人親近又受歡迎的料理。

不過，這是建立在鮮魚鮮蔬等新鮮食材之上的事。若用不新鮮的食材，將無法做出美味料理。這不僅限於火鍋料理而已，在此特爲說明。

一般家庭所做的火鍋料理，材料並沒有任何限制。前一晚的便當、冰箱裡的豆皮、麵筋、蒟蒻，或是加上豆腐等等，任何材料都可以自己發明，任意決定該怎麼做。

在東京，稱「火鍋料理」爲「什錦火鍋」，在上方則稱爲「趣味鍋」。爲什麼稱作「趣味鍋」呢?又有鯛魚頭、又有魚板、又有鴨肉,映入眼簾的是各種材料,盛在大盤中的模樣花團錦簇,讓人一下想吃這個、又想吃那個,非常有樂趣。

「趣味鍋」這個名字取得眞適合,「什錦火鍋」就讓人覺得太過簡單了,不是個好名字。正如前述,「火鍋料理」材料各式各樣,因此盛裝方式也需要技巧才行。若不注意,隨便裝盤,看起來就像是把各種垃圾聚集在一起而已。

關東地方的習慣是把材料鋪得又淺又平,但這不是很好的做法。像河豚之類的,當然得排在大盤子上才行,但這是特殊情況。如果要盛裝「火鍋料理」的材料,得在大碗中裝得鼓鼓地才好。至於材料,如同適才所述,什麼都可以,只有貝類不太適合。如果只有一些也罷,用了太多,會讓味道變差,此爲貝類的缺點。貝類會讓湯頭變難吃,甚至損害到其他食物的味道,所以不適合作爲火鍋材料。而且貝類與魚、肉,不甚協調。外國料理當中,例如燉湯、咖哩、湯裡都時常使用貝類,不過有很多是味道不合的。可能是因爲在國外,貝類及魚類都少,因此才被當成珍品吧,但大多都只會損害料理的味道而已。

相反地,日本到處都有貝類,所以大家也很胡亂地使用。若貝類用得太多,味道會變差,無法做出好料理。盡量還是不要混著使用貝類才好。

接著談談高湯。各人喜好不同,也有人喜歡清爽的口味。清爽的高湯,大致說來適合喝酒的人，若是和飯一起吃，味道強烈的口味也許比較好。關於這方面，「什錦火鍋」可以依照自己的喜好來做，實在是很適合的料理。

火鍋蘸醬必須事先調好，這點很重要。若從頭到尾蘸醬口味不一，更換材料時才依狀況加糖、加醬油、加水，將會一下子甜、一下子辣、一下子太稀，味道參差不齊，一點也不有趣。如果中間換了好幾個人負責烹煮，一定會發生這種情況。就算只由一人負責，味道都很難一致了，因此必須事先調好料理所需份量的蘸醬才行。

雖然味道不要太強烈才好，但只要依照各個家庭的風格即可。「蘸醬」的做法，我想各位也早已瞭解，混和適量的砂糖及醬油和清酒即可。清酒可多加點。熱過的清酒不錯，沒有酒精的也行。這和喝醉用的不一樣，所以熱過的清酒即可。可以充分地多加一點極爲上等的清酒。

火鍋料理的主要材料是魚，因此昆布高湯比柴魚高湯來得好。「火鍋料理」就是要現做、現煮，一切都是新鮮的最佳，這也是關東煮專賣店之所以流行的其中一項原因吧。關東煮專賣店絕對不是因爲料理做得好才流行的，廉價的關東煮之所以好吃，是因爲現煮等著客人來吃，其實不是什麼美味的東西。正因爲吃了幾乎燙舌的食物，所以關東煮得到了美味之評，但實際上，只是粗糙的食物而已。

就連粗糙的關東煮，都因爲現煮之故，讓我們的味覺感到愉悅，可比擬爲坐在和室吃關東煮的「火鍋料理」，當然更能令人滿足了。我曾站著吃過關東煮及天婦羅，大概知道這些是什麼味道。不過，我所認爲的火鍋料理，是和這些天差地遠的高級料理，其做法只要具創新、獨創性即可。

火鍋料理可說是最適合與推心置腹、關係親密的人，如同家人般一團和樂享用的家庭料理。

接著談談做法及吃法的要訣。假設要煮鯛魚吧。若是三、五人一塊兒吃的火鍋，就煮大家能夠一次吃完的份量。煮好後將魚全部撈起，接著放入蔬菜。鯛魚頭之類的很容易使高湯的味道變得更濃，蔬菜則會吸收高湯的味道。要視這些食材的特性，輪流交互放入會濃化高湯及稀釋高湯的食材。這麼一來，就能一次次地把鍋中的味道整理乾淨，直到最後都能享受到新鮮的料理。就連吃法，也有這番技巧。

盛裝「火鍋料理」材料的方式，和插花一樣。所謂插花，是將自然的草木，用自然的方式使其鮮活，爲此必須下許多工夫。料理也是一樣，要活用自然、天然的材料來滿足人的味覺，並且必須發揮其令人愉悅的美以滿足視覺。這種心思與插花沒什麼不同。

一般家庭只有在特別的日子，才會制式化地隨便裝飾一下，平時卻很粗糙、隨便。這種不好的習慣，實在缺乏樂趣。想要擁有美的生活，便不能只在特殊時刻才實踐。無論何時何物，都必須留心不能忘記美的表現。

我思考的，是日常生活的美化，也就是如何讓每日的家庭料理變得更美麗。留心食材的同時，也注意材料的盛裝該如何表現。這些工夫都不是細活，都是使之最接近自然的工夫。火鍋材料的盛裝方式亦然，留心與否會造成差異，讓材料看起來像是聚集了一堆垃圾，或是造成視覺上的快感、使其與美術品一般美麗。

若在盛裝方式上下工夫，想讓手法變好，自然而然就會興起對食器的關注。也就是說，將逐漸開啟陶器及漆器的另一片視野。

後記　敝人的晝夜朝夕

雖然是座稱不上山的小山，敝人也在山中朝夕起臥了三十多年，過著幾乎沒有社交的生活。敝人有個習性，時常像是乘在快艇上一般，覺得凡事不前進不行。

這不是自豪，每次只要興起，便會以超快速度行動。身旁相挺的船隻們都覺得敝人快速得目不暇給，但在敝人看來，只覺得所有人都在以慢速前進。首先，大家都缺乏一股順勢。仔細思量，理由沒有別的，正因為其他人不如敝人一般能盡情睡眠，而且不如敝人的日常生活般攝取營養，並且為太多無意義的平凡俗事而煩心了。這和只求盡美的敝人生活，似乎是步往不同的世界。

如同敝人一般喜愛自由的人，終究無法被歸類到團體中，更是無緣參與集體繪畫或集體藝術。

日常的吃食亦然。在我看來，許多人與家畜相同，從被分配到的食物中攝取營養。妻女所製作分配的菜餚、廚師所製作分配的料理，大部分的人只要有這些便滿足了事了。

見到這些，敝人對於吃食的世界中，人們是如何愚昧感到驚訝。這些人絲毫沒有眞心喜愛食物的自覺。

這些人不瞭解像山鳥野獸般依個人喜好不斷獵捕攝取充足養分的人類自由。不知這是從什麼時代開始的習慣，但就這點而言，人們似乎與無法選擇食物的家畜沒有兩樣。

以敝人所思，人們從被分配的食物當中，無法完全獲得適合當事者的養分。這與度過七十年的美食生活、選擇打從心底喜愛的食物、用這些養分來創造出健康的敝人相比，實在差得遠矣。敝人絕對不被囚困在食物的價高或價廉、以及各種名目當中。

正因此，敝人確信能夠自我獲得完全的養分，保全健康。證據便在於已被稱作白髮老翁的今日，敝人仍然不知何謂病痛。恐怕更不曾染上任何被稱作「疾病」之物。吃著美味，想睡就睡。如同野鳥般自然地生活，這便是敝人的晝夜朝夕。

早寢、晚起、喜好午休、八小時到十二小時的睡眠。一睜眼，便能從事常人數倍的工作量。每日第一個泡澡，之後立刻痛飲數小瓶啤酒。這裡是近乎闃無人煙的山中獨棟，眼界所及，是不矯飾的自然山野，家中是幾近最高等級的古美術品。其他還有狗、有貓，有雞、也有鴨。野鳥悠閒地嬉遊。如此，周遭沒有任何會損害健康的事物。也許敝人的健康，就是從這種環境中孕育而出的吧。

當然，這也是無雙親、無妻小的孤獨生活。也許這是世間上少有的。敝人得極其任性地自由自在，原因或許在於沒有任何束縛的事物吧。若有了親兄弟或妻子，無論如何都免不了要過著妥協的生活吧。

貧苦流浪的武士也無法全然順應家人的要求吧，無法過著自己喜好的生活，也無法沉浸在喜愛的飲食當中。

這麼一來，野獸、山禽的生活，搞不好比起人類更能享受自由之樂，也不會像人類一般生病吧。

願能如山鳥般坦率自然。日昇甦醒，日落沉眠，如同山鳥一般……。

春夏秋冬料理王国

一起來 享 024

品嘗・烹煮・盛裝

日本飲食文化奠基人上至節氣、下至地理的美味追尋

作　　者　北大路魯山人
譯　　者　王文萱
主　　編　林子揚
責任編輯　林杰蓉
總 編 輯　陳旭華　steve@bookrep.com.tw
社　　長　郭重興
發行人兼出版總監　曾大福
出版單位　一起來出版／遠足文化事業股份有限公司
發　　行　遠足文化事業股份有限公司　www.bookrep.com.tw
23141新北市新店區民權路108-2號9樓
電話｜02-22181417　傳真｜02-86671851

法律顧問　華洋法律事務所　蘇文生律師

封面設計　江孟達
印　　製　通南彩色印刷有限公司
初版一刷　2022年8月
定　　價　380元
ISBN　9786269616039
9786269616022（EPUB）
9786269616015（PDF）

國家圖書館出版品預行編目 (CIP) 資料
品嘗・烹煮・盛裝：日本飲食文化奠基人上至節氣、下至地理的美味追尋
北大路魯山人　著／王文萱　譯　初版
新北市：一起來出版：遠足文化事業股份有限公司發行，2022.08
面；　公分. --（一起來享）
譯自：春夏秋冬料理王国
ISBN 978-626-96160-3-9（平裝）
1.CST: 飲食風俗　2.CST: 文集
538.707　　111008978

COME TOGETHER

COME TOGETHER